U1076903

21世纪精品教材
实践与应用系列

刘 平◎主编

用友ERP
企业经营沙盘模拟
实训手册

（第四版）

东北财经大学出版社
Dongbei University of Finance & Economics Press
大连

图书在版编目（CIP）数据

用友ERP企业经营沙盘模拟实训手册 / 刘平主编．—4版．—大连：东北财经大学出版社，2013.8（2015.7重印）
（21世纪精品教材·实践与应用系列）
ISBN 978-7-5654-1270-7

Ⅰ．用…　Ⅱ．刘…　Ⅲ．企业管理-计算机管理系统-高等学校-教学参考资料　Ⅳ．F270.7

中国版本图书馆CIP数据核字（2013）第179104号

东北财经大学出版社出版
（大连市黑石礁尖山街217号　邮政编码　116025）
教学支持：（0411）84710309
营 销 部：（0411）84710711
总 编 室：（0411）84710523
网　　址：http：//www.dufep.cn
读者信箱：dufep@dufe.edu.cn

大连东泰彩印技术开发有限公司印刷　　东北财经大学出版社发行

幅面尺寸：185mm×260mm　　字数：261千字　　印张：12 1/4
2013年8月第4版　　2015年7月第11次印刷

责任编辑：卢　悦　张爱华　张晓鹏　　责任校对：那　欣
封面设计：冀贵收　　版式设计：钟福建

ISBN 978-7-5654-1270-7
定价：23.00元

序

刘文波教授，沈阳工学院（原沈阳理工大学应用技术学院）常务副院长

21世纪是一个催人奋进的时代，科技飞速发展，知识日益更新。机遇和挑战随时随地都可能出现在每一个人的身边。抓住机遇，寻求发展，迎接挑战，适应变化的制胜法宝就是不断地学习新的知识。

企业经营沙盘模拟是相关研究人员在深入了解企业生产经营过程的基础上，通过3年的时间研究出来的一种生动有趣的教学方式。企业经营沙盘模拟课程是在充分调研了ERP培训市场需求的基础上，汲取了国内外咨询公司、培训机构的管理训练课程精髓而设计的企业经营管理实训课程，问世以来以其体验式教学方法获得受训者的广泛认可。其课程摒弃了传统的以理论和案例分析为主的方式，用一种全新的视觉和感官冲击效果，通过真实的模拟沙盘进行学习，极大地增强了娱乐性并使枯燥的课程变得生动、有趣。通过近乎真实的商场模拟，充分地调动了参与者的竞争热情，在培养应用型人才方面，越来越显示出其独特的作用。

第一，企业经营沙盘模拟有助于在实践中指导理论学习。该方法改变了传统的教学方法，解决了学生只能被动接受知识，而无法主动参与的问题，更重要的是培养了学生怎样将理论知识与企业实际运作紧密联系的能力和发现问题、分析问题、解决问题、进行科学决策的能力。通过ERP理论学习和模拟企业实际运作，学生能够理解ERP的管理理念和核心管理思想，达到学以致用的目的，使学生的知识储备更加牢固、丰富，为以后的工作打下坚实的基础。

第二，企业经营沙盘模拟有助于节约成本。该方法为学生提供了一个平台，学生依据所掌握的理论知识，能够亲身体验运用所学创造财富的过程。在成功中收获创造财富的喜悦，在失败中吸取深刻的教训，这些都将为以后的实际工作提供宝贵的实践经验，避免在实际工作中造成损失。另外，企业经营要有创新意识，及时把握产品的生命周期，要不断有新产品补充市场；企业经营还要有全局战略规划，如果没有好的战略规划，即使企业有很充足的现金流，企业经营也是混乱的，必须要有长远计划并做好准备才能节约各项成本。

第三，企业经营沙盘模拟有助于培养学生的团队协作精神。当今社会任何工作都需要整体配合才能较好地完成。在模拟实训中需要每一个参与的学生以主人的身份，全身心地投入到所扮演的角色中。不但要解决好自己扮演角色所承担的职责问题，还要与其他人协调配合，完成整个模拟任务。通过企业经营沙盘模拟，学生深刻地感受一个企业

团队精神的重要性。

本书作者刘平老师拥有深厚的学识及丰富的教学实践经验，主编的这本《用友ERP 企业经营沙盘模拟实训手册》必将成为“企业经营沙盘模拟”教学推广与学术建设的重要文献。感谢刘平老师的工作，此书必将为广大学生了解、掌握企业经营沙盘模拟方法提供有效的途径。

当代大学生是时代的主流，必须掌握最先进的科学技术，担当起促进国家经济快速发展的重任。在经济全球化的时代，经济上的竞争无疑十分激烈，但经济发展的最根本目的是为了绝大多数人民的利益，千万不要忘记“以人为本”，离开这一点，发展、赚钱都是不可取的。相信此书一定能在大学生成长、成才的人生道路上起到良好的引导作用。

第四版前言

《用友ERP企业经营沙盘模拟实训手册》（第三版）自2010年9月出版以来，两年时间已经4次重印，累计7次重印，印数近4万册，受到众多高等院校和上海盈蝶管理咨询有限公司、青海职业经理人协会等众多培训机构与企业的重视和采用。

本次修订遵循“立足实践教学，兼顾大赛需要”的原则，主要调整体现在以下方面：

（1）在导入篇就以下部分的规则增补了传统手工沙盘的原定规则，供有需要的教学单位选用：①生产线的购买价格、安装周期以及转产周期、转产费用、折旧与出售等；②产品研发周期与费用；③应收款贴现率等。

（2）用最近3年的大赛规则替换了原来的两个附录，即刚刚结束的2013年辽宁省普通本科高等学校“用友新道杯”沙盘模拟经营大赛经营规则、2012年第八届全国大学生“用友杯”沙盘模拟经营大赛全国总决赛经营规则和2011年第七届全国大学生“用友杯”沙盘模拟经营大赛辽宁赛区决赛规则，并在2011年的规则上标注了与2010年规则和2009年规则的主要变化。在2011年大赛规则后增加了大赛规则变化简评，在2012年大赛规则后增加了2012年大赛平台与规则点评。

（3）为了进一步节约篇幅，将原书后的两个附录，即2009年第五届“用友杯”全国大学生创业设计暨沙盘模拟经营大赛辽宁赛区决赛规则和2010年第六届“用友杯”全国大学生创业设计暨沙盘模拟经营大赛辽宁赛区决赛规则，移至东北财经大学出版社网站（www.dufep.cn），与网上的5篇阅读文章（《全面认识战略与战略决策》、《跑马圈地、以快制胜的误区》、《关于新兴寿险公司的战略选择》、《融到巨资奈何反招危机?》、《新华VS友邦：重视战略管理的方法论》）一起供下载阅读。

本次修订由刘平教授主持，也吸收了读者的一些宝贵意见和建议。蔡永鸿参与了部分修订工作，支万宇、安甜甜、王玉姣等提供了部分资料。由于作者学识、水平有限，疏漏之处在所难免，敬请广大读者批评指正，我们将在修订或重印时将大家反馈的意见和建议恰当地体现出来。再次感谢广大读者的厚爱！

作者交流邮箱：liuping661005@126.com。

刘　平
2013年8月

第三版前言

此次修订是为了适应沙盘大赛在全国如火如荼展开的新形势，将课内实践与沙盘大赛进行了有机的结合。我们期待通过这样的整合推动继传统式教学和案例式教学之后深受学生欢迎的体验式教学方法的应用达到一个新的高度。

作为一个新生事物，企业经营沙盘模拟近年来发展很快，不仅为众多高等院校所采用，也成为众多企业选择的有效的实践教学方法。《用友 ERP 企业经营沙盘模拟实训手册》（第二版）在 2009 年初修订以后很快得以重印，也充分说明了这一点。

本次修订遵循“既适用于正常实践教学，也兼顾大赛需要”的原则，主要修改和充实的内容体现在以下方面：（1）对规则进行了必要的修订，如取消了市场维持费，关于厂房的购买、租赁和出售不再限于年底，对生产线的购买价格和折旧、产品研发时间和费用等做了调整，对贴现率做了微调，增加了原材料及产成品拍卖和紧急采购等内容；（2）增加了 6 份市场预测报告；（3）增加了第五届“用友杯”全国大学生创业设计暨沙盘模拟经营大赛全国总决赛冠军案例；（4）增加了两个附录，即 2009 年第五届“用友杯”全国大学生创业设计暨沙盘模拟经营大赛和 2010 年第六届“用友杯”全国大学生创业设计暨沙盘模拟经营大赛辽宁赛区决赛规则；（5）为适应新规则，对相关表格普遍进行了微调；（6）为进一步节约篇幅，将原书后两篇阅读文章移至东北财经大学出版社网站，与原来网上的 3 篇阅读文章一起供下载阅读。

本次修订由刘平教授主持，也吸收了读者的一些宝贵意见和建议。由于作者学识、水平有限，疏漏之处在所难免，敬请广大读者批评指正，我们将根据这些宝贵的意见和建议以及环境发展变化及时修订，并在修订或重印时将大家反馈的意见和建议恰当地体现出来。谢谢！

作者交流邮箱：liuping661005@126.com。

刘　平
2010 年 7 月

第三版前言

第二版前言

目前，关于ERP企业经营沙盘模拟学习指导的书是有一些，但绝大多数比较适合教师使用，专为学生所用的书还鲜有所见，本书在东北财经大学出版社职教编辑部卢悦主任的慧眼鉴赏和大力支持下得以出版。该手册正式出版以来，受到包括香港专业教育学院（观塘）、青海职业经理人协会、上海盈蝶管理咨询有限公司以及国内许多大学的广泛重视和采用。作者感到欣慰之余，也有些诚惶诚恐。为此，在第一版的基础上做了必要的充实和修改后，以期呈献给更广大的学生和学员使用。

作者认为，教师用书与学生用书的主要区别在于：教师用书理论部分需要有比较全面和深入的论述，以利于教师能够真正掌握其精华与实质，便于在实践中指导学生；而操作表格的部分相对比较简洁。学生用书正好相反，理论和规则的部分力求简洁，只要够用就行，多了学生反而不会去看；而操作表格的部分则具体丰富，每个角色都有与实际相结合的专业表格，便于学生填写记录。本次修订仍坚持了“简洁、必需、够用”的编写原则。

本次充实和修改主要体现在以下方面：（1）对部分理论和规则的描述进行了必要的修订、充实和完善；（2）增加了大量的实训和大赛中的案例；（3）增加了实际盘面的整体图；（4）对市场预测报告增加了分析指引；（5）对规则做了必要的明确和修正，如生产线的建成时间及涉及的维护费和折旧的提取、长期贷款利息的起算时间、产品未开发完成前是否可以接订单等；（6）增加了一节介绍三种典型策略；（7）增加了一节参加大赛人员心得分享；（8）增加了5篇阅读文章（阅读文章1、2附在书后，阅读文章3~5请登录东北财经大学出版社网站（www.dufep.cn）下载）；（9）对前一版表格编印错误作了修正。

本次修订由刘平老师主持，也吸收了读者的一些宝贵意见和建议，盛明辉同学为本书的修订做了大量有益的工作，在此一并表示感谢！

写书和出书在某种程度上来说也是一种“遗憾”的事情。由于种种缘由，每每在书稿完成之后，总能发现有缺憾之处，本书也不例外。作者诚恳希望读者在阅读本书的过程中，指出存在的缺点和错误，提出宝贵的指导意见，这是对作者的最高奖赏和鼓励。

作者邮箱：liuping661005@126.com，在此谢谢广大读者的厚爱！

刘 平

2009年1月

第二版前言

第一版前言

对于沙盘，其实我们并不陌生。在电视中，我们经常可以见到叱咤风云、挥斥方遒的将军在沙盘面前指挥千军万马，胜负在弹指挥手间。在日常生活中，房地产开发商制作小区规划布局沙盘以利于房屋销售。这些沙盘都清晰地模拟了真实的地形、地貌或小区格局，不必让其所服务的对象亲临现场，就能对所关注的局面了然于胸，更可以从宏观的角度全面地审视所处的环境，从而运筹帷幄、决胜千里。如此，不一而足。

企业经营沙盘模拟，就是利用沙盘理念，采用现代管理技术手段——ERP 来模拟企业真实经营情况，使学生在模拟企业经营中得到启发、锻炼和提高。ERP（Enterprise Resource Planning）是企业资源计划的简称。企业资源包括厂房、设备、物料、资金、人员，甚至还包括企业上游的供应商和下游的客户等。企业资源计划的实质就是使企业在资源有限的情况下，合理组织生产经营活动，降低经营成本，提高经营效率，提升竞争能力，力求利润最大化。因此可以说，企业的生产经营过程也是对企业资源的管理过程。

模拟说明了我们面对的不是一个真实的企业对象，而是具备了真实对象所拥有的主要特征的模拟对象。用友 ERP 企业经营沙盘模拟实训课程就是针对一个模拟企业，把该模拟企业运营的关键环节（战略规划、资金筹集、市场营销、产品研发、生产组织、物资采购、设备投资与改造、财务核算与管理等部分）设计为该实训课程的主体内容，把企业运营所处的内外部环境抽象为一系列的规则，由受训者组成若干个相互竞争的模拟企业，每个受训者在模拟企业中都担任一定的角色，如 CEO（首席执行官）、COO（首席运营官）、CFO（财务总监）、营销总监、生产总监、采购总监、人力资源总监等，通过模拟企业若干年的经营对抗（竞赛），使受训者在分析市场、制定战略、营销策划、组织生产、财务管理和人员考核等一系列活动中参悟科学管理规律，提升管理能力，并深刻体会理论联系实际的重要性，对低年级学生起到激发学习兴趣的作用，对高年级学生起到学以致用的作用。

企业经营沙盘模拟实训课程具有科学、简洁、实用、有趣等显著特点，并以体验式教学成为继传统式教学和案例式教学之后深受学生欢迎的又一典型实用的教学形式。该实训课程可以巩固受训者的管理知识，训练其管理技能，全面提高受训者的综合素质。其融合理论与实践于一体，集角色扮演与岗位体验于一身的设计思路新颖独到，使受训者在参与、体验中完成从知识到技能的一次转化，在操盘后的总结交流中再完成从实践到理论的二次升华。

本实训手册是在我校购买的用友ERP沙盘模拟系统及所提供材料的基础上，参考了王新玲、柯明、耿锡润编著的《ERP沙盘模拟学习指导书》和王新玲、杨宝刚、柯明编著的《ERP沙盘模拟高级指导教程》等相关文献，并结合了我们多轮指导学生实训的实际情况编写而成的，供学生在实训中使用并留存。

本实训手册分为三大部分：

第一篇导入篇，是在指导教师的讲解下，认识什么是ERP企业经营沙盘模拟，了解所要接手经营的企业现状，在老师的指导下进行沙盘盘面的初始设定，掌握模拟竞赛的市场规则和企业运营规则，并在指导教师的带领下进行初始年的运行，以掌握企业运营流程。在进行初始年运行时，各角色可翻到操作篇的相关部分跟随操作。

第二篇操作篇，是为受训者6年的经营竞赛而准备，分为CEO、COO、CFO、营销总监、生产总监、采购总监和人力资源总监等部分，供不同角色的受训者使用。在受训者开始第一年的运行前，一定要认真阅读第二篇的开篇语，这对有效运营非常重要。

第三篇总结篇，主要是为受训者总结交流而准备，以达到最大提升的目的。本篇分为日常记录、受训者总结、经营竞赛交流、指导教师点评与分析和阅读文章等部分。为了引发受训者的思考，提升总结交流的水平和效果，本篇特编进5篇阅读文章以电子版形式在网上免费提供，分别从正确认识战略与战略决策、如何思考一个成长型公司的战略决策、企业发展快与慢的辩证关系、多元化的误区和重视制定战略的方法论等角度阐述了公司战略选择、经营方略与竞争策略等问题，供受训者总结提高时参考。

本实训手册将通常实训所用的实训任务书、实训指导书和实训报告书“三册合一”。在第一篇导入篇的1.0开篇语和1.1认识企业经营沙盘模拟中即阐述了本实训的意义、目的和任务等内容；第三篇为实训报告记录及撰写实训报告作指引；全书以第一篇为主，均为实训指导的具体内容；第二篇为实训操作指引和分角色操作过程记录。

本实训手册由刘平起草写作大纲并担任主编，郑新娜、吕智杰担任副主编。具体编写分工如下：刘平编写了前言、第一篇、第二篇开篇语和2.7、第三篇开篇语；郑新娜、吕智杰参与了第一篇的编写；蔡永鸿、孟凡波编写了第二篇的2.1、2.2、2.3；郑新娜、吕智杰编写了第二篇的2.4、2.5、2.6、2.8；蔡永鸿、孟凡波参与了第三篇的3.1至3.6的编写；第三篇的3.7至3.11的5篇阅读材料（供网络下载）由刘平独立提供。最后，由刘平通读全书，并作了适当修改。

本实训手册的编辑、出版得到了东北财经大学出版社卢悦、张爱华的热情鼓励和大力支持，也得到了石丽、刘文波、李文国、刘庆君等院系领导与各位老师的积极支持和密切配合，副院长刘文波教授特为此书作序，盛明辉同学也为本书的修订做了大量有益的工作，本书的修订也采纳了读者的宝贵意见和建议，在此一并表示衷心的感谢！同时，还要感谢用友公司，特别是刘东洋先生、闫微女士对我们提供的支持与帮助！本实训手册的编写也参阅了有关的文献资料，以及用友公司提供的原始表格，在此向原作者表示诚挚的谢意！

最后，我还要特别感谢我的妻子钟育秀和我的母亲、岳母对我的支持和帮助，是她们分担了我应做的各项工作，特别是帮助我照顾幼小的儿子，使我得以集中精力组织好此实训手册的编写，为此也要为照顾不周向我的儿子表示歉意。

由于作者学识、水平有限，疏漏之处在所难免，敬请读者批评指正。

交流邮箱：liuping661005@126.com。

刘 平

2008 年 2 月

目 录

用友 ERP 企业经营沙盘
模拟实训手册
（学生用）

姓名：______________

班级：______________

学号：______________

组别：______________

组名：______________

角色：______________

指导教师：__________

实训时间：__________

第一篇

导 入 篇

只有懂得规则，才能游刃有余。
只有认真对待，才能取得收获。
只有积极参与，才能分享成就。

1.0 开篇语

学习规则是比较枯燥的，但却是必需的。只有懂得规则，才能游刃有余。因此，要有以下3点认识：一是要认清我们是在经营模拟企业，为运营方便将内外部环境简化为一系列规则，故与实际情况有一定差别，不可在规则上较真；二是要有争强好胜的斗志，虽然是模拟经营，切不可简单地当成游戏，要有“假戏真做”当做真实企业来经营的态度；三是要正确对待自己的角色，在一个企业里每个人会担当不同的角色，每个角色也都有其他角色所不可替代的作用，因此每个角色都是重要的，都值得重视和珍惜，都应该用心做好。

为了使本实训取得预期的效果，现将实训的目的和任务、实训方式、时间安排与实训要求、组织管理等内容阐述如下：

1.0.1 实训的目的和任务

（1）了解企业与企业的组织架构。
（2）认清沙盘模拟与真实企业之间的关系。
（3）熟练掌握竞赛规则。
（4）了解各角色的任务和作用。
（5）深刻认识你所担任角色的作用和任务。
（6）按照企业运营流程，履行你所担负的职责。

（7）团队协作，努力争取竞赛的胜利。

（8）做好实训总结，获得最大的收获。

（9）激发低年级学生学习专业课的兴趣。

（10）使高年级学生学会理论联系实际，学以致用。

1.0.2 实训方式

（1）本实训的主要方式是将学生分成6组，组成6个企业的管理团队，利用沙盘模拟企业经营，进行直接竞赛对抗。每个学生在模拟企业中都将担任一定的角色。

（2）总结交流，分为模拟企业内部总结和6个竞争企业间交流。这是本实训的重点。

1.0.3 时间安排

本实训主要分为4个阶段。建议各阶段安排如下：

第一阶段，实训动员和规则介绍。一般安排在周一上午，主要进行实训动员和介绍第一篇导入篇的主要内容，使学生掌握竞赛规则和企业运营流程。

第二阶段，模拟企业经营竞赛。一般从周一下午开始到周三结束，按照竞赛规则在指导教师的监控下，学生进行企业经营沙盘模拟6年的企业经营竞赛。

第三阶段，撰写实习报告和模拟企业内部总结。一般安排在周四进行，由每个学生按照实训总结报告的要求撰写报告，并进行模拟企业内部的总结。

第四阶段，实训总结与交流。一般安排在周五上午进行，由各模拟企业派代表做主旨发言，总结模拟企业经营的成败得失，指导教师做必要的点评与指引，允许并鼓励学生个别发言，谈感受和体验。

以上为参考时间安排。具体时间以指导教师公布的时间为准。

1.0.4 实训要求

（1）每个学生参与所有的实训流程，并承担一个具体的工作岗位。

（2）实训前要认真学习本实训手册的相关内容，明确实训目的、内容和相关要求，确保实训效果。

（3）在实训过程中，要端正实训态度和树立良好的团队精神。

（4）在实训过程中，要特别注意人身和财物的安全。

（5）遵守实训纪律，保证按时出勤，并完成相关任务；遵守国家法律法规，遵守实训教室的相关规定，听从安排。

（6）做好实训记录，记好实训日记，为撰写实训报告做好准备工作。

（7）认真撰写个人实训报告和模拟企业实训报告，字数分别不少于3 000字和4 000字。模拟企业实训报告与该模拟企业 CEO 的个人实训报告合一。

1.0.5 组织管理

（1）学生分组由指导教师根据实际情况掌握。

（2）角色分工由各团队自行协商产生。

（3）在实训期间，各模拟企业 CEO 应管理好各企业人员。

1.1 认识企业经营沙盘模拟

1.1.1 “ERP 企业经营沙盘模拟”释义

对于沙盘，其实我们并不陌生。在电视中，我们经常可以见到叱咤风云、挥斥方遒的将军在沙盘面前指挥千军万马。在日常生活中，房地产开发商制作小区规划布局沙盘以利于房屋销售。如此，不一而足。这些沙盘都清晰地模拟了真实的地形、地貌或格局，不必让其所服务的对象亲临现场，也能对所关注的位置了然于胸，不仅如此，更可以从宏观的角度全面地审视所处的环境局面，从而运筹帷幄、决胜千里。

企业经营沙盘模拟，就是利用类似上述的沙盘理念，采用现代管理技术手段——ERP 来实现模拟企业真实经营，使学生在模拟企业经营中得到锻炼、启发和提高。ERP（Enterprise Resource Planning）是企业资源计划的简称。企业资源包括厂房、设备、物料、资金、人员，甚至还包括企业上游的供应商和下游的客户等。企业资源计划的实质就是使企业在资源有限的情况下，合理组织生产经营活动，降低经营成本，提高经营效率，提升竞争能力，力求做到利润最大化。因此可以说，企业的生产经营过程也是对企业资源的管理过程。

模拟说明了我们面对的不是一个真实的企业对象，而是具备了真实对象所拥有的主要特征的模拟对象。用友 ERP 企业经营沙盘模拟实训课程就是针对一个模拟企业，把该模拟企业运营的关键环节——战略规划、资金筹集、市场营销、产品研发、生产组织、物资采购、设备投资与改造、财务核算与管理等部分设计为该实训课程的主体内容，把企业运营所处的内外部环境抽象为一系列的规则，由受训者组成 6 个相互竞争的模拟企业，每个受训者在模拟企业中都担任一定的角色，如 CEO（首席执行官）、COO（首席运营官）、CFO（财务总监）、营销总监、生产总监、采购总监、人力资源总监等，通过模拟企业 6 年的经营对抗（竞赛），使受训者在分析市场、制定战略、营销策划、组织生产、财务管理和人员考核等一系列活动中，参悟科学管理规律，提升管理能力，并深刻体会理论联系实际的重要性，对低年级学生起到激发学习兴趣的作用，对高年级学生起到学以致用的作用。

这是一种全新的体验式教学手段和方法——既能让受训者全面学习、掌握经济管理知识，又可以充分调动受训者学习的主动性与参与性，让受训者身临其境，真正感受一个企业经营者直面的市场竞争的精彩与残酷，承担经营的风险与责任，并由此综合提升受训者经营管理的素质与能力。

1.1.2 模拟企业组织架构

企业创建之初，任何一个企业都要建立与其企业类型相适应的组织结构。合理的组织结构是保证企业正常运转的基本条件。在 ERP 企业经营沙盘模拟实训课程中，采用了简化企业组织结构的方式，企业组织由几个主要角色代表，包括 CEO（首席执行官）、COO（首席运营官）、CFO（财务总监）、营销总监、生产总监、采购总监、人力资源总监和商业情报人员/商业间谍等。

1）CEO（首席执行官）

CEO 负责制订和实施公司总体战略与年度经营计划；建立和健全公司的管理体系与组织结构，从结构、流程、人员、激励 4 个方面着手优化管理，实现管理的新跨越；主持公司的日常经营管理工作，实现公司经营管理目标和发展目标。现代企业的治理结构分为股东会、董事会和经理班子 3 个层次。

在“ERP 企业经营沙盘模拟”实训中，省略了股东会和董事会，企业所有的重要决策均由 CEO 带领团队成员共同决定，如果大家意见相左，由 CEO 拍板决定。做出有利于企业发展的战略决策是 CEO 的最大职责，同时 CEO 还要负责控制企业按流程运营，保障顺利运行。与此同时，CEO 在实训中还要特别关注每个人是否能胜任其岗位，尤其是一些重要岗位，如 CFO、营销总监等，如不胜任要及时调整，以免影响整个企业的运营及竞赛。

2）COO（首席运营官）

在实际企业中，COO 是个重要的角色，负责组织协调企业的日常运营活动。在本实训中，COO 协助 CEO 控制企业按流程运营，起着盘面运行监督的作用。此角色为可选角色，在受训者人数较少时可不设。

3）CFO（财务总监）

在企业中，财务与会计的职能常常是分离的，他们有着不同的目标和工作内容。会计主要负责日常现金收支管理，定期核查企业的经营状况，核算企业的经营成果，制定预算及对成本数据的分类和分析。财务的职责主要是负责资金的筹集、管理，做好现金预算，管好、用好资金，妥善控制成本。如果说资金是企业的血液，财务部门就是企业的心脏。财务总监要参与企业重大决策方案的讨论，如设备投资、产品研发、市场开拓、ISO 资格认证、购置厂房等。公司进出的任何一笔资金，都要经过财务部门。

在受训者较少时，将上述两大职能归并到财务总监身上，统一负责对企业的资金进行预测、筹集、调度与监控。其主要任务是管好现金流，评估应收款金额与回收期，预估长、短期资金需求，按需求支付各项费用、核算成本，做好财务分析；进行现金预算，洞悉资金短缺前兆，采用经济有效的方式筹集资金，将资金成本控制到较低水平，管好、用好资金。在受训者人数允许时，建议增设主管会计（财务总监助理）分担会计职能。值得注意的是，资金闲置是浪费，资金不足会破产，应该在两者之间寻求一个有效的平衡点。

4）营销总监

营销总监主要负责进行需求分析和销售预测，寻求最优市场，确定销售部门目标体系；制订销售计划和销售预算；销售团队的建设与管理；客户管理，确保货款及时回笼；销售业绩分析与评估；控制产品应收款账期，维护企业财务安全；分析市场信息，为确定企业产能和产品研发提供依据。营销总监所担负的责任主要是开拓市场、实现销售。

企业的利润是由销售收入带来的，销售实现是企业生存和发展的关键。为此，营销总监应结合市场预测及客户需求制订销售计划，有选择地进行广告投放，运用丰富的营销策略，控制营销成本，并取得与企业生产能力相匹配的客户订单，并与生产部门做好沟通，保证按时交货给客户，监督货款的回收，进行客户关系管理。

营销总监还可以兼任商业间谍的角色和任务，因为他最方便监控竞争对手的情况，比如对手正在开拓哪些市场、未涉足哪些市场，他们在销售上取得了多大的成功，他们拥有哪类生产线、生产能力如何等。充分了解市场、明确竞争对手的动向可以有利于今后的竞争与合作。

5）生产总监

生产总监是企业生产部门的核心人物，对企业的一切生产活动进行管理，并对企业的一切生产活动及产品负最终的责任。生产总监既是生产计划的制订者和决策者，又是生产过程的监控者，对企业目标的实现负有重大的责任。他的工作是通过计划、组织、指挥和控制等手段实现企业资源的优化配置，创造最大经济效益。

在“ERP企业经营沙盘模拟”实训中，生产总监参与制定企业经营战略，负责指挥生产运营过程的正常进行，生产设备的选购、安装、维护及变卖和管理成品库等工作，权衡利弊，优化生产线组合，保证企业产能。在本实训中，生产能力往往是制约企业发展的重要因素，因此生产总监要有计划地扩大生产能力，以满足市场竞争的需要；同时提供季度产能数据，为企业决策和运营提供依据。

6）采购总监

采购是企业生产的首要环节。采购总监负责各种原料的及时采购和安全管理，确保企业生产的正常进行；负责编制并实施采购供应计划，分析各种物资供应渠道及市场供求变化情况，力求在价格上、质量上把好第一关，为企业生产做好后勤保障；进行供应商管理；进行原材料库存的数据统计与分析。

在“ERP企业经营沙盘模拟”实训中，采购总监负责依据生产计划制订采购计划、与供应商签订供货合同、按期采购原材料并向供应商付款、管理原料库等具体工作，确保在合适的时间点，采购合适的品种及数量的原材料，保证正常生产。

7）人力资源总监

21世纪，国家经济的核心是企业，企业的核心是人才，人才是现代企业竞争的核心竞争力。一流的企业是由一流的人组成的，优秀的产品是优秀的人干出来的，人力资源是企业的第一资源。人力资源总监负责企业的人力资源管理工作，具体包括企业组织架构设计、岗位职责确定、薪酬体系安排、组织人员招聘、考核等工作。

在“ERP企业经营沙盘模拟”实训中，原来没有设定此角色，但经过多轮实训，我们觉得有必要增设此角色，特别是在受训者人数比较多的情形下，对每个受训者的参与度与贡献度进行考评，并提交给CEO，最终做出组内排名，以作为学生实训成绩评定的重要依据之一。

8）商业情报人员/商业间谍

知己知彼，方能百战百胜，闭门造车是不行的。商业情报工作在现代商业竞争中有着非常重要的作用，不容小觑。在受训者人数较少时，此项工作可由营销总监承担；在人数较多时，可设专人协助营销总监来负责此项工作。

9）其他角色

在受训者人数较多时，可适当增加 CFO 助理、CEO 助理、营销总监助理、生产总监助理等辅助角色，特别是 CFO 助理很值得设。为使这些辅助角色不被边缘化，应尽可能明确其所承担的职责和具体任务。

1.1.3 主要角色的盘面定位

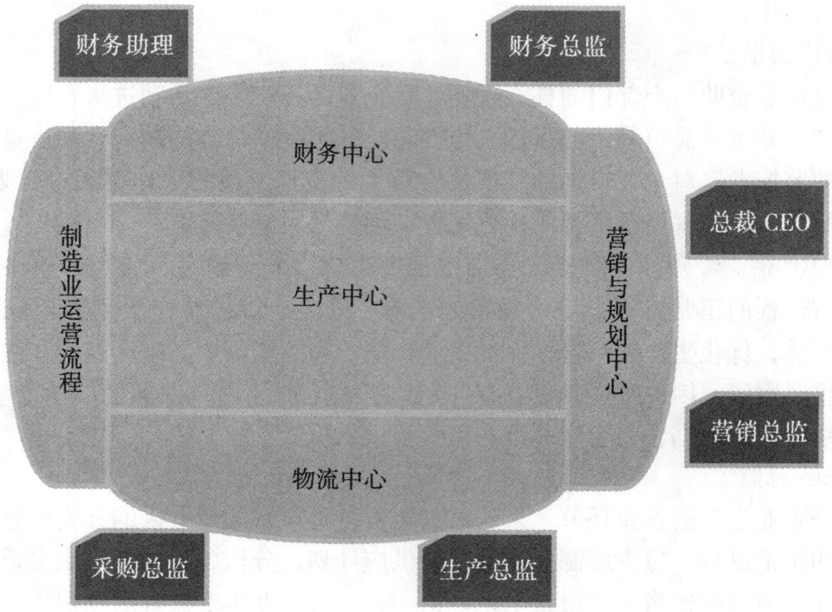

1.1.4 关于企业生存

企业在市场上生存下来的基本条件：一是以收抵支；二是到期还债。如果企业出现以下两种情况，就将宣告破产：

(1）资不抵债。如果企业所取得的收入不足以弥补支出时，导致所有者权益为负时，企业破产。

(2）现金断流。如果企业到期的负债无力偿还，企业也会破产。

下图为实际采用的用友沙盘盘面全貌。

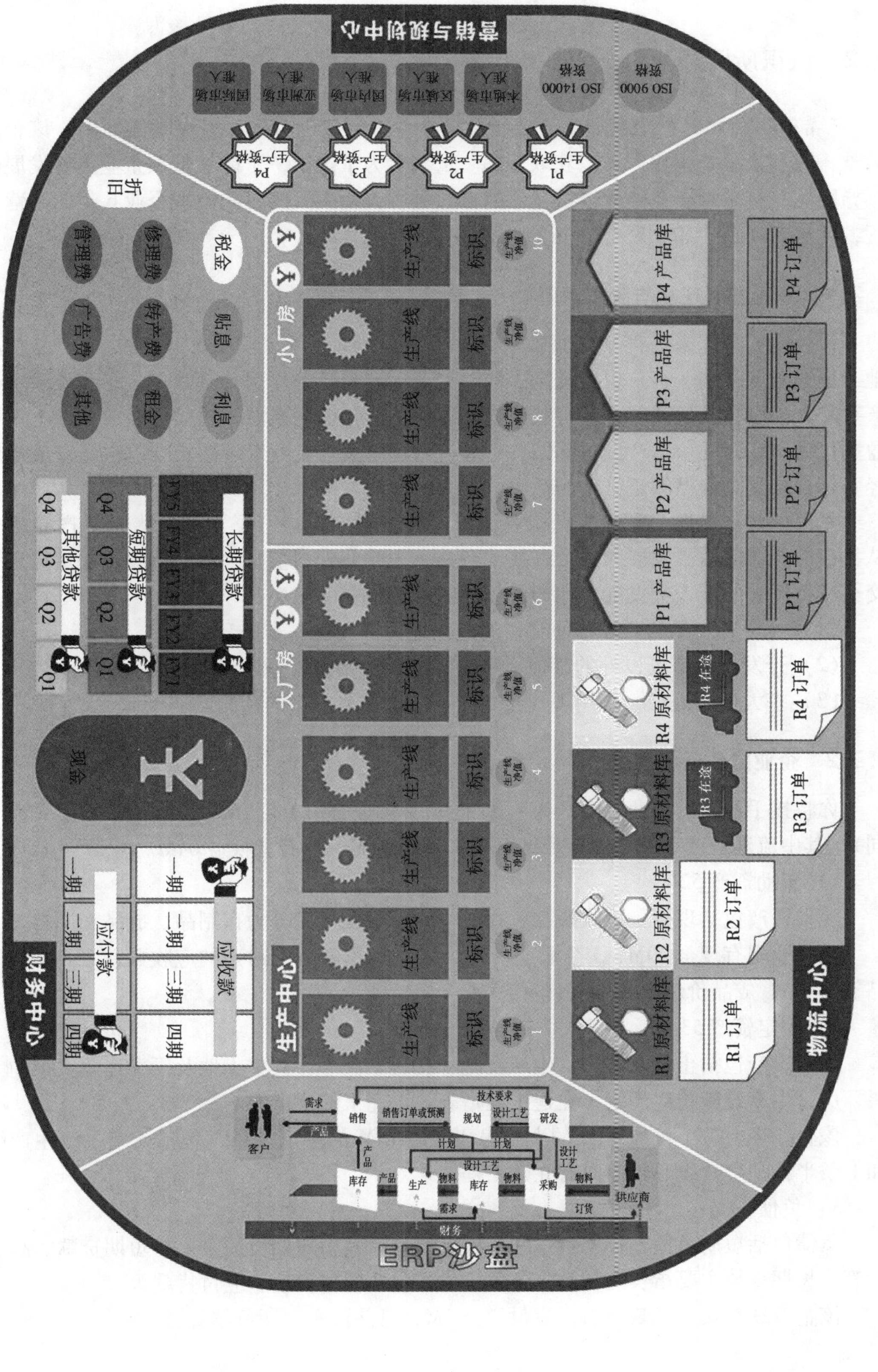
营销与规划中心
财务中心
生产中心
物流中心
ERP沙盘
大厂房
小厂房
现金
长期贷款
短期贷款
其他贷款
应收款
应付款
一期
二期
三期
四期
税金
贴息
利息
修理费
转产费
租金
管理费
广告费
其他
折旧
生产线
标识
P1 产品库
P2 产品库
P3 产品库
P4 产品库
P1 订单
P2 订单
P3 订单
P4 订单
R1 原材料库
R2 原材料库
R3 原材料库
R4 原材料库
R1 订单
R2 订单
R3 订单
R4 订单
R3 在途
R4 在途
P1 生产资格
P2 生产资格
P3 生产资格
P4 生产资格
本地市场准入
区域市场准入
国内市场准入
亚洲市场准入
国际市场准入
ISO 9000 资格
ISO 14000 资格
客户
销售
规划
研发
库存
生产
采购
供应商
财务

1.2 认识所要经营的企业

“希望”公司是一个典型的离散制造型企业，创建已有3年。在本实训中，该企业的唯一盈利来源是销售产品以获取利润。董事会为了选出一个能够带领企业更好发展的领导团队，将采用企业经营模拟竞争的方式进行，用两天的时间模拟企业6年的经营过程，胜出者就是“希望”公司新的领导团队。

1.2.1 公司发展现状与股东期望

该企业长期以来一直专注于某行业P产品的生产与经营，目前生产的P1产品在本地市场知名度很高，客户也很满意。同时企业拥有自己的厂房，其中安装了3条手工生产线和1条半自动生产线，运行状态良好。但从历年盈利来看，增长已经放缓，上年度盈利仅为300万元。生产设备陈旧，产品、市场单一，企业管理层长期以来墨守成规地经营等，导致企业已缺乏必要的活力。

不仅如此，最近一家权威机构对该行业的发展前景进行了预测，认为P产品将会从目前的相对低水平发展为一个高技术产品。为此，公司董事会及全体股东决定将企业交给一批优秀的新人去发展，他们希望新的管理层：

（1）投资新产品的开发，使公司的市场地位得到进一步提升。

（2）开发本地市场以外的其他新市场，进一步拓展市场领域。

（3）扩大生产规模，采用现代化生产手段，获取更多的利润。

1.2.2 企业财务现状描述

你将接手经营的企业总资产为1.05亿元（模拟货币单位105M，M表示百万元，下同），其中流动资产52M，固定资产53M，负债41M，所有者权益64M。

1）流动资产52M

流动资产包括现金、应收账款、存货等，其中存货又分为在制品、成品和原料。

该企业现有现金20M，3个账期（3Q，Q表示季度，下同）的应收账款15M，在制品价值8M，成品价值6M，原料价值3M。

2）固定资产53M

固定资产包括土地及厂房、生产设施、在建工程等，其中土地及厂房在此实训中专指厂房，生产设施指生产线，在建工程指未建设完工的生产线。

该企业现有1个价值40M的大厂房和价值13M的生产设备，包括3条手工生产线和1条半自动生产线，目前没有在建工程。

3）负债41M

负债包括短期负债、长期负债和各项应付款，其中短期负债主要指短期贷款、高利贷等，长期负债主要指长期贷款，各项应付款包括应付税金、应付货款等。

该企业现有长期贷款40M，应付税金1M，目前没有短期负债等。

4）所有者权益 64M

所有者权益包括股东资本、利润留存、年度净利等。股东资本是指股东的投资，利润留存是指历年积累下来的年度利润，而年度净利是指当年度的净利润。

该企业股东资本为 50M，利润留存 11M，年度净利 3M。

1.3　初始状态设定

1.3.1　认识沙盘“语言”

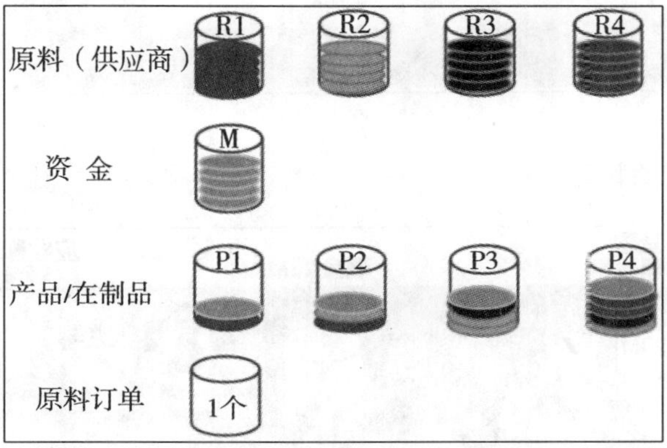

1.3.2　生产中心初始设定

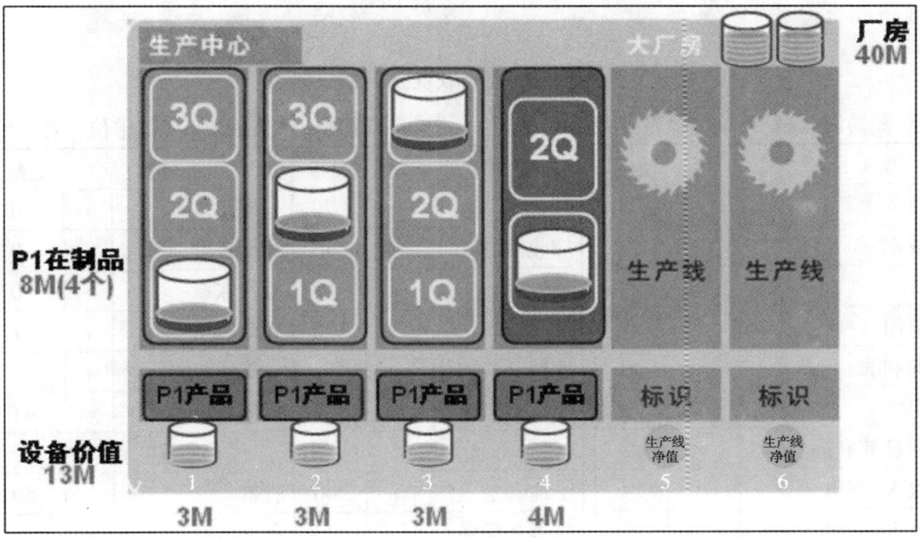

1.3.3 物流中心初始设定

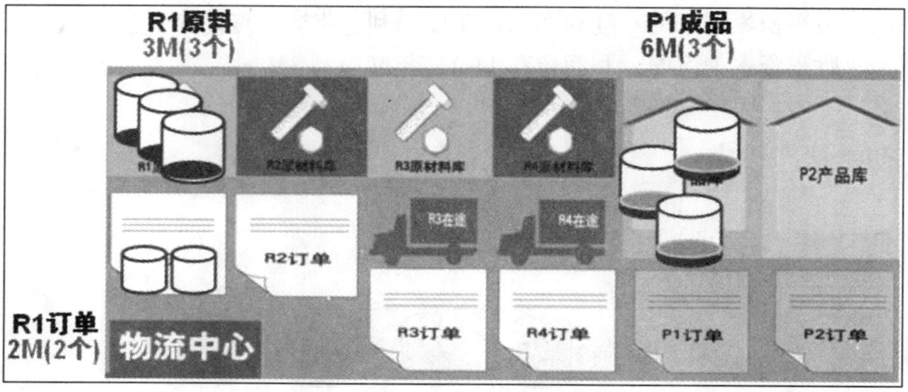

1.3.4 财务中心初始设定

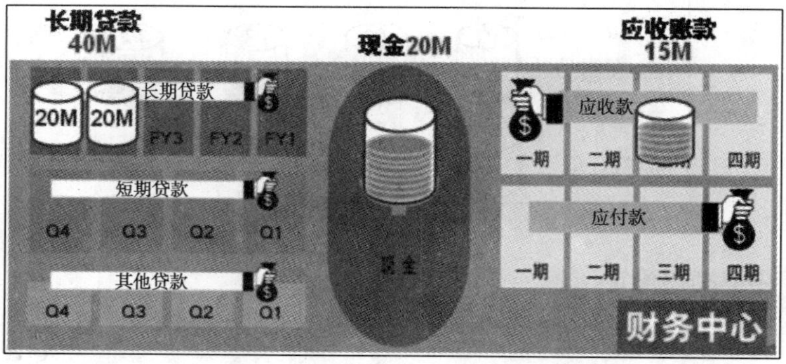

企业目前的财务状况及经营成果

简易利润表 单位：百万元

项　目		金额
销售收入	+	35
直接成本	−	12
毛利	=	23
综合费用	−	11
折旧前利润	=	12
折旧*	−	4
支付利息前利润	=	8
财务收入/支出	+/−	4
额外收入/支出	+/−	
税前利润	=	4
所得税	−	1
净利润	=	3

简易资产负债表 单位：百万元

资　产		金额	负债+权益		金额
现金	+	20	长期负债	+	40
应收账款	+	15	短期负债	+	0
在制品	+	8	应付账款	+	0
成品	+	6	应交税费	+	1
原料	+	3	一年到期的长贷	+	0
流动资产合计	=	52	**负债合计**	=	41
固定资产			权　益		
土地和建筑	+	40	股本	+	50
机器和设备	+	13	利润留存	+	11
在建工程	+	0	年度净利	+	3
固定资产合计	=	53	**所有者权益合计**	=	64
总资产	=	105	**负债+权益**	=	105

* 采用原手工沙盘的折旧方法。如果采用平均年限折旧法，金额应为 5。

1.3.5　营销与规划中心初始设定

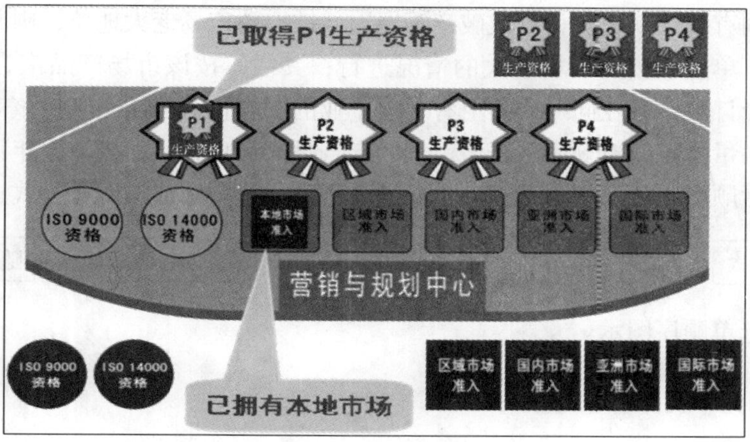

1.4　模拟企业经营运营规则

企业的生存和发展离不开市场这个大环境。谁赢得市场，谁就赢得了竞争。

1.4.1　市场划分与市场准入

企业目前在本地市场经营，新市场包括区域、国内、亚洲、国际市场（如上图所示）。不同市场投入的费用及时间不同，资金短缺时可随时中断或终止投入，只有市场投入全部完成后方可接单。资金短缺时，可随时中断或终止投入，但不可加速投资。各市场间没有必然的联系，也就是可以跳跃式选择要开发的市场，比如放弃其中某一两个市场。

1.4.2　销售会议与订单争取

每年年初各企业的营销总监参加销售会议并与客户见面。根据市场地位、产品广告投入、市场广告投入和市场需求及竞争态势，按以下顺序选择订单：

首先，由上年在该市场的订单销售额决定市场领导者，并由市场领导者（也称“市场老大”）最先选择订单，前提是在想要接单的产品上至少打1M的广告费，如果上年市场老大因有未按期交货订单或破产等原因，被取消市场老大地位，则此市场该年无市场老大，订单选取按无市场老大的情况进行；其次，按该市场产品广告投入量的多少，依次选择订单；若在同一产品上有多家企业的广告投入相同，则按该市场上全部产品的广告投入量决定选单顺序；若该市场的广告投入量也相同，则按上年订单销售额的排名决定先后顺序；如果订单销售额也相同，则可通过招标或抓阄等方式选择订单。

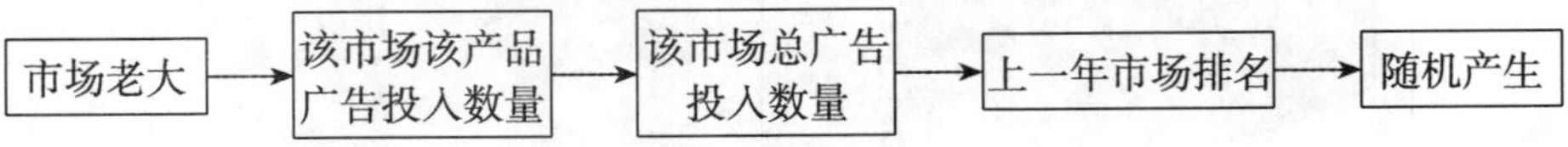

上图为选单顺序图示。

1.4.3 市场竞单实际操作与技巧

下面以第四年P3产品为例来说明：

第四年 --A 组（本地）					
产品	广告	定单总额	数量	9000	14000
P1					
P2					
P3	2			1	
P4					

第四年 --B 组（本地）					
产品	广告	定单总额	数量	9000	14000
P1					
P2					
P3	5			1	
P4					

第四年 --C 组（本地）					
产品	广告	定单总额	数量	9000	14000
P1					
P2					
P3	1				1
P4					

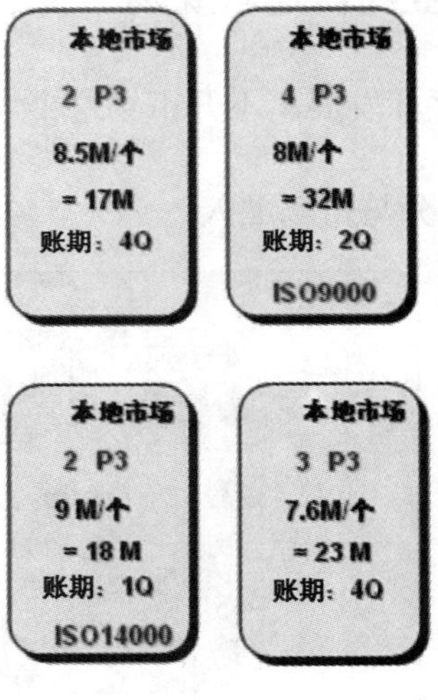

第四年 --A 组（本地）					
产品	广告	定单总额	数量	9000	14000
P1					
P2					
P3	2	23	3	1	
P4					

第四年 --B 组（本地）					
产品	广告	定单总额	数量	9000	14000
P1					
P2					
P3	5	32+17	4+2	1	
P4					

第四年 --C 组（本地）					
产品	广告	定单总额	数量	9000	14000
P1					
P2					
P3	1	18	2		1
P4					

说明：此次竞单首先由B组选单，B组选销售额为32M的订单；然后由A组选单，A组选销售额为23M的订单；接下来是C组选单，通常选法是C组选18M的订单；最后B组又拿走了17M的订单。如果从竞争的角度来看，C组可考虑选17M的订单，虽然少获得了1M的销售额和利润，但B组却失去了第二次拿单的机会，因为B组没有打14K的广告，没有资格拿带有ISO 14000的订单，也就是18M的订单。

注意：各个市场的产品数量是有限的，并非打广告一定能得到订单；能分析清楚“市场预测”，并且“商业间谍”得力的企业，一定占据优势。

模拟企业的盈利来源唯有销售产品以获得利润，因此如何选择最有价值的销售订单对企业来讲意义非凡。销售订单的选取一般需考虑以下几方面因素：①企业的实际产能；②产品销售价格；③应收账款的账期；④订单的约束条件（如加急单或需 ISO 认证资格等）。

在实际操作中，要求营销总监对各个市场拥有敏锐的洞察力和准确的判断力，做到左眼是“显微镜”盯企业，右眼是“放大镜”盯市场。既要专注于某个市场，又要全局统筹安排。例如，结合自己的产能状况、财务状况、市场地位、产品价格差异等因素合理考虑各个市场的订单分布。具体如下：

（1）依据产能接适量的订单，防止因产能不足而出现违约。

（2）结合公司的财务状况，争取用最低的广告费用获取最大的销售额和利润，并保证现金及时回流。

（3）正确分配产品在各个市场的分布，保住或争取市场老大地位。

（4）尽量在利润率高的市场接单，尽量接利润率高的单。

（5）选择正确的广告投放方式，如在有明显优势（市场老大）或竞争较弱的市场，可采取遍地开花的策略，即在各个产品均投少量的广告费，获取大量订单；对于竞争激烈的市场，则可采用集中的策略，在有利可图的市场，广告费集中在某一个或两个产品上，确保有单可选，避免广告费的浪费。同时，应注意市场广告费的规模效益，争取在平等竞争中获取优势（单个产品广告费相同时，该市场总广告费多者优先选单）。

（6）尽量充分掌握竞争对手的广告策略和订单信息，为我所用。选单的时候，不仅要关注自己，同时还要关注对手，在订单数量和订单的约束条件上“做文章”，如上面举例的选单情况。

【个案思考】

A 公司第一年在本地市场 P1 产品投放了最多的广告费（19M），却选择了销售额第二大的订单，因此错失了市场老大地位，这是一个很明显的失误。然而，在实训中类似的失误确实时有发生，应杜绝这种失误。本案例的关键并不在这里，真正值得我们商讨的是：

（1）用 19M 的广告费去博取市场老大是否物有所值？风险是否太大？

（2）如果夺下了市场老大还好，如果没有夺下呢？假如有企业打了 20M 广告费呢？

（3）如果第二名广告费只有 7M，你得到的这个老大是否代价太大？

（4）如果分出 10M，甚至 15M 去做产品开发和新市场开拓是否更有价值？

（5）用多大的代价（打多少广告）去争本地市场老大比较合适？

第一年 6 张订单的毛利依次为 22M、16M、14M、10M、7M 和 4M。

【个案分析】

B 公司拥有两条第三年第二期（2Q）可投资完成的 P2 产品全自动生产线。该公司在第三年年初的销售会议上接了 4 个 P2 产品的订单，结果到年底 P2 产品不够 4 个，无法交单，导致违约。这是为什么呢？

因为这两条 P2 产品全自动生产线 2Q 才完成投资，3Q 方可上线生产，到 4Q 时，只能各生产 1 个 P2 产品（共 2 个）；而 4Q 再上线生产的 P2 产品要到第四年 1Q 方可下线，因此 B 公司第三年实际上只能生产出 2 个 P2，无法交上 4 个 P2 产品，导致订单违约。

【教训分享】

此案例来自 2008 年用友 ERP 沙盘大赛辽宁赛区决赛（本科组），共有 9 组参赛。比赛进行到第三年，绝大多数组产能都已具有相当的规模，市场对各公司越来越重要。此时，国内市场刚刚开放，尚无市场老大，各组都跃跃欲试，竞争相当激烈。C 公司在该市场每种产品各投了 2M 广告费，该市场广告费合计是 8M。由于其他各组在 P2、P3 产品的广告费上，最低投入是 3M，而 P2、P3 产品仅各有 6 张订单，因此，C 公司丧失了 P2、P3 产品的选单机会，4M 广告费等于白打了、浪费了。但 I 公司将 8M 广告费集中在 P2、P3 产品上各 4M，结果接到了总额 54M 的订单，收获颇丰。在此种竞争状态下，适用于集中力量各个击破的策略，而不适合采用广种薄收的遍地开花策略。

1.4.4 厂房购买、租赁与出售

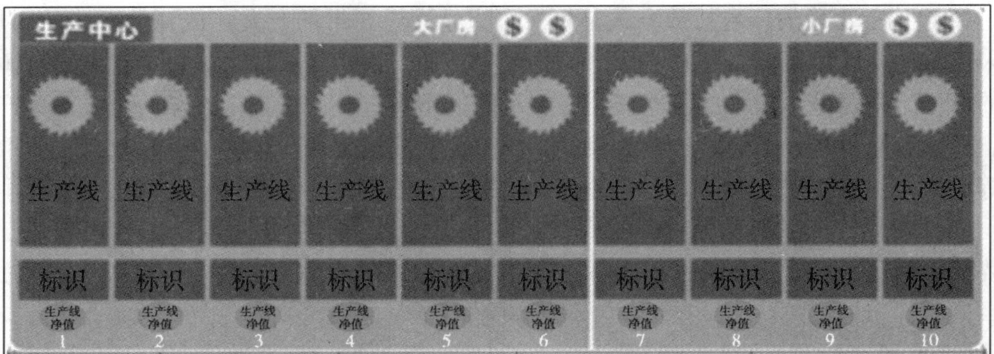

厂房	买价	租金	售价	容量
大厂房	40M	5M/年	40M（4Q）	6条生产线
小厂房	30M	3M/年	30M（4Q）	4条生产线

注意：购买厂房后，将购买价放在厂房价值处，表明该厂房的价值，厂房不提折旧；租赁厂房的租金，放在综合费用区的租金项；出售厂房收入计入 4Q 应收款，不是可以马上使用的现金，急需用钱可以贴现；如果厂房里仍有生产线，需要马上支付租金。

1.4.5　生产线购买、转产与维护、出售

生产线	购买价格	安装周期	生产周期	转产周期	转产费用	维护费用	出售残值
手工线	5 M	无	3Q	无	无	1M/年	1M
半自动	10M	2Q	2Q	1Q	1M	1M/年	2M
全自动	15M	3Q	1Q	1Q	2M	1M/年	3M
柔性线	20M	4Q	1Q	无	无	1M/年	4M

所有生产线都能生产所有产品，所需支付的加工费相同，**1M**/产品。

购买：投资新生产线时按安装周期平均支付投资，全部投资到位的下一个季度领取产品标识，开始生产。

转产：生产线转产生产新产品时可能需要一定转产周期并支付一定转产费用，最后一笔支付到期一个季度后方可更换产品标识。

维护：当年在建的生产线和当年出售的生产线不用交维护费。

出售：无论何时出售生产线，价格均为残值，该部分转为现金，净值与残值计入损失（综合费用——其他）。

折旧：采用5年平均折旧法。当年建成的生产线不提折旧；当生产线净值等于残值时，不再提折旧。

例如，第一年1Q投建柔性生产线，连续投资到第4Q，投资完成。第二年1Q方可领取产品标识，开始生产。因此，该条生产线的建成时间是第二年1Q，而不是第一年4Q。为此，该生产线第一年4Q尚在建设中，既不用交维护费，也不需要提折旧；第二年是建成的第一年，不用提折旧，但要交维护费；第三年是建成的第二年，既要交维护费，也要提折旧。

【规则对比】

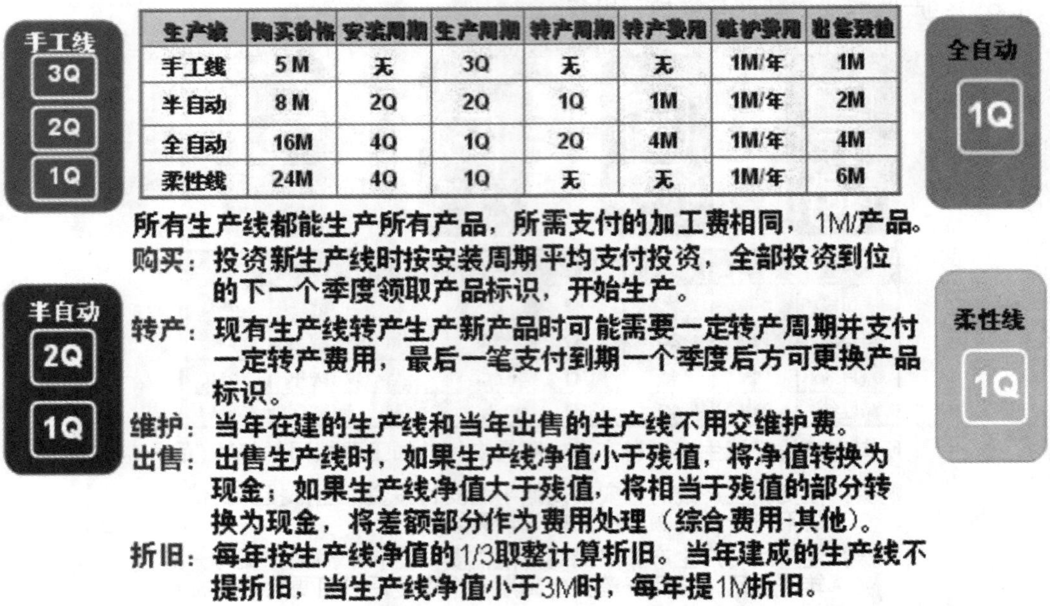
传统手工沙盘的原定规则

生产线	购买价格	安装周期	生产周期	转产周期	转产费用	维护费用	出售残值
手工线	5 M	无	3Q	无	无	1M/年	1M
半自动	8 M	2Q	2Q	1Q	1M	1M/年	2M
全自动	16M	4Q	1Q	2Q	4M	1M/年	4M
柔性线	24M	4Q	1Q	无	无	1M/年	6M

所有生产线都能生产所有产品，所需支付的加工费相同，1M/产品。

购买：投资新生产线时按安装周期平均支付投资，全部投资到位的下一个季度领取产品标识，开始生产。

转产：现有生产线转产生产新产品时可能需要一定转产周期并支付一定转产费用，最后一笔支付到期一个季度后方可更换产品标识。

维护：当年在建的生产线和当年出售的生产线不用交维护费。

出售：出售生产线时，如果生产线净值小于残值，将净值转换为现金；如果生产线净值大于残值，将相当于残值的部分转换为现金，将差额部分作为费用处理（综合费用-其他）。

折旧：每年按生产线净值的1/3取整计算折旧。当年建成的生产线不提折旧，当生产线净值小于3M时，每年提1M折旧。

例如，第一年 1Q 投建全自动生产线，连续投资到第 4Q，投资完成。第二年 1Q 方可领取产品标识，开始生产。因此，该条生产线的建成时间是第二年 1Q，而不是第一年 4Q。为此，该生产线，第一年 4Q 尚在建设中，既不用交维护费，也不需要提折旧；第二年是建成的第一年，不用提折旧，但要交维护费；第三年是建成的第二年，既要交维护费，也要提折旧。

1.4.6 原材料采购与产品生产

采购：用空桶表示原材料订货，并将其放在相应的订单上。R1、R2 订货必须提前一个季度；R3、R4 订货必须提前两个季度。根据所下采购订单接受相应原料入库，并按规定付款或计入应付款。

生产：开始生产时，按产品结构要求将原料放在生产线上并支付加工费，各种生产线生产所有产品的加工费均为 1M。空生产线才能上线生产，一条生产线在同一时刻只能生产一个产品。上线生产必须有原料，否则必须停工待料。

紧急采购：紧急采购，付款即到货，原料价格为直接成本的 2 倍，成品价格为直接成本的 3 倍；多于直接成本的支出计入损失（综合费用——其他）。

1.4.7　产品研发

产品	P2	P3	P4
研发时间	4Q	6Q	6Q
研发投资	4M	6M	12M

注意：新产品研发投资可以同时进行，按季度平均支付。资金短缺时，可随时中断或终止投入，但不可加速投资，必须完成全部投资后方可生产，但可提前接单。例如，P3 产品研发周期为 6Q，企业从第一年 1Q 开始研发 P3，最快要到第二年 2Q 才能完成研发投资，因此最快要到第二年 3Q 方可开始生产 P3 产品。但在企业参加第二年销售订货会议时，已经可以接 P3 产品订单，虽然此时 P3 产品研发尚未完成。研发投资计入综合费用，研发投资完成后，持全部投资到裁判台换取产品生产资格证。

【规则对比】　　　　**传统手工沙盘的原定规则**

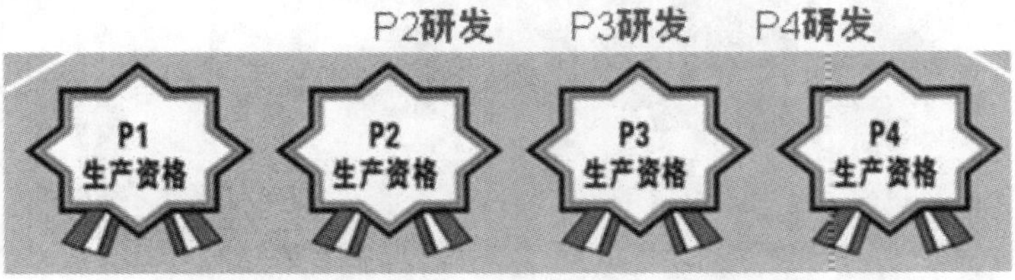

产品	P2	P3	P4
研发时间	6Q	6Q	6Q
研发投资	6M	12M	18M

注意：新产品研发投资可以同时进行，按季度平均支付。资金短缺时，可随时中断或终止投入，但不可加速投资，必须完成全部投资后方可生产，但可提前接单。例如，P2 产品研发周期为 6Q，企业从第一年 1Q 开始研发 P2，最快要到第二年 2Q 才能完成研发投资，因此最快要到第二年 3Q 方可开始生产 P2 产品。但在企业参加第二年销售订货会议时，已经可以接 P2 产品订单，虽然此时 P2 产品研发尚未完成。研发投资计入综合费用，研发投资完成后，持全部投资到裁判台换取产品生产资格证。

1.4.8 市场开拓和 ISO 认证

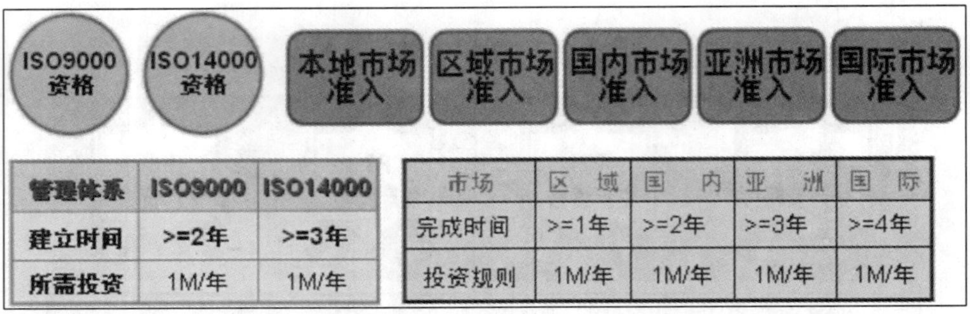

管理体系	ISO9000	ISO14000
建立时间	>=2年	>=3年
所需投资	1M/年	1M/年

市场	区 域	国 内	亚 洲	国 际
完成时间	>=1年	>=2年	>=3年	>=4年
投资规则	1M/年	1M/年	1M/年	1M/年

市场开拓：市场开拓投资按年度支付，允许同时开拓多个市场，但每个市场每年最多投资为 1M，不允许加速投资，但允许中断。某一市场开拓完成后，持开发费用到裁判台领取市场准入证，之后才允许进入该市场竞单。

ISO 认证：ISO 9000 和 ISO 14000 两项认证投资可同时进行或延期，但不可加速投资。相应投资完成后，持投资费用到裁判台领取 ISO 资格证。

当年市场开拓投资与 ISO 认证投资计入当年综合费用。

1.4.9 融资贷款与资金贴现

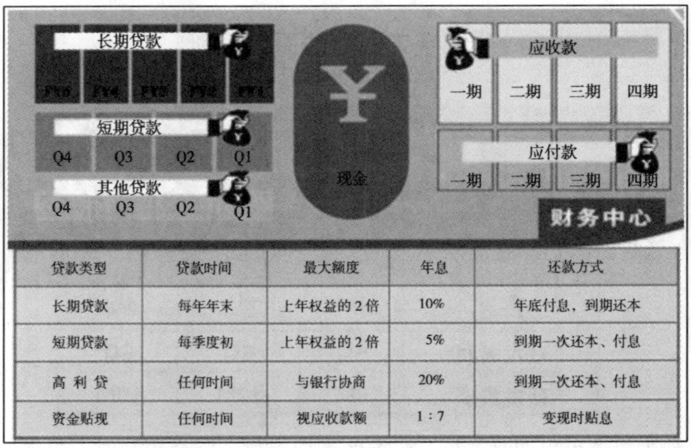

贷款类型	贷款时间	最大额度	年息	还款方式
长期贷款	每年年末	上年权益的 2 倍	10%	年底付息，到期还本
短期贷款	每季度初	上年权益的 2 倍	5%	到期一次还本、付息
高 利 贷	任何时间	与银行协商	20%	到期一次还本、付息
资金贴现	任何时间	视应收款额	1 : 7	变现时贴息

注意：长期贷款最长期限为 5 年，短期贷款及高利贷期限为 1 年，不足 1 年的按 1 年计息。长期贷款每年需还利息，新贷长贷次年开始交利息，当年还的长贷该年也要交利息；短期贷款到期时还本付息（贷款只能是 20 的倍数）。资金贴现在有应收款时随时可以进行，金额是 8 的倍数，不论应收款期限长短，从每 8M 中拿出 1M 交贴现费。库存拍卖：原料 8 折，成品原价；原料拍卖价格向下取整。

【规则对比】　　　　　　**传统手工沙盘的原定规则**

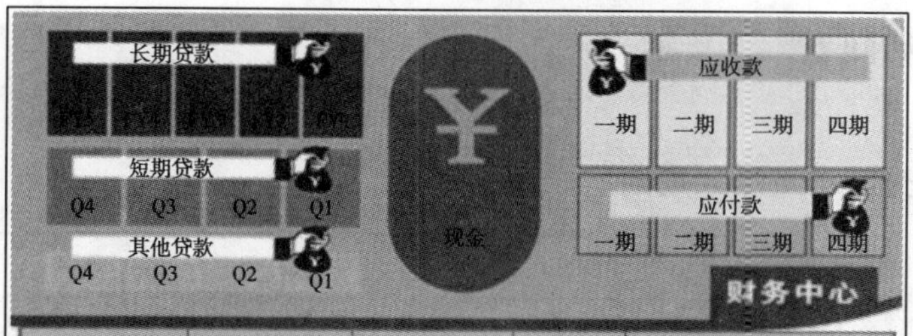

贷款类型	贷款时间	贷款额度	年息	还款方式
长期贷款	每年年末	权益的2倍	10%	年底付息，到期还本
短期贷款	每季度初	权益的2倍	5%	到期一次还本、付息
高 利 贷	任何时间		20%	到期一次还本、付息
资金贴现	任何时间	视应收款额	1∶6	变现时贴息

注意：长期贷款最长期限为5年，短期贷款及高利贷期限为1年，不足1年的按1年计息。长期贷款每年需还利息，新贷长贷次年开始交利息，当年还的长贷该年也要交利息；短期贷款到期时还本付息（贷款只能是20的倍数）。资金贴现在有应收款时随时可以进行，金额是7的倍数，不论应收款期限长短，从每7M中拿出1M交贴现费。

1.4.10 综合费用与折旧、税金、利息

综合费用：行政管理费（每个季度1M）、市场开拓、产品研发、ISO认证、广告费、生产线转产、设备维护、厂房租金等计入综合费用。

折旧：设备折旧按5年平均年限法计算，每年按生产线净值的1/3取整计算折旧。当年建成的生产线不提折旧，当生产线净值等于残值时，不再计提折旧。

税金：每年所得税计入应付税金，在下一年年初交纳。

利息：利息、贴息等在试算利润表中单列为财务支出，不计入综合费用。

【规则对比】　　　　　　**传统手工沙盘的原定规则**

折旧：设备折旧按余额递减法计算，每年按生产线净值的1/3取整计算折旧。当年建成的生产线不提折旧，当生产线净值小于3M时，每年提1M折旧。

（以上1.1～1.4为依据教师授课课件和流程进行的规则介绍；以下1.5～1.7节为上述内容的归纳概括，目的是便于学生在实际操作中快速查询使用；1.8为市场预测报告，需要认真研读分析）

1.5 市场规则简表

1.5.1 市场划分与市场准入规则

市场	开拓费用	开发时间	说 明
区域	1M	1 年	各市场开发可同时进行 资金短缺时可随时中断或终止投入 开发费用按开发时间平均投入，不许加速投资 市场开拓完成后，领取相应的市场准入证
国内	2M	2 年	
亚洲	3M	3 年	
国际	4M	4 年	

企业目前在本地市场经营，新市场包括区域、国内、亚洲、国际市场，不同市场投入的费用及时间不同，只有市场投入全部完成后方可接单。各市场之间没有必然的联系，可以有选择地开发其中若干个市场。

市场开发投资按年度支付，允许同时开发多个市场，但每个市场每年最多投资为 1M，不允许加速投资，但允许中断，市场开发完成后持开发费用到指导教师处领取市场准入证，之后才允许进行该市场竞单。

1.5.2 销售会议与订单争取

销售预测和客户订单是企业生产的依据。

1）销售会议

每年年初各企业的营销总监参加销售会议并与客户见面。根据市场地位、产品广告投入、市场广告投入和市场需求及竞争态势等，按顺序选择订单。

2）市场地位

市场地位是针对每个市场而言的。企业的市场地位根据上一年度各企业的实际销售额排列，销售额最高的企业称为该市场的“市场领导者”，俗称“市场老大”。市场老大不是一成不变的，是有可能改变的。

3）广告投放

广告是分市场、分产品投放的，投入 1M 有一次选取订单的机会，以后每多投 2M 增加一次选单机会，但能否选上单则取决于市场需求、竞争态势等。例如，A 公司为第三年本地市场老大，它在 P2 产品上投放了 5M 广告费，获得 3 次选单的机会。但在第一轮选单完毕后，只剩下了一张订单，因此 A 公司只能实现两次重复选单，却不能实现 3 次重复选单。

在“广告报价单”中按市场、产品决定投放广告费用。9K 和 14K 是分指ISO 9000 和 ISO 14000，如果希望获得标有“ISO 9000”或“ISO 14000”的订单，必须在相应的栏目中投入 1M 且只需要 1M 的广告费，该投入对该市场的所有产品有效。

4）客户订单（市场需求）

客户订单以卡片的形式表示。卡片上标注了市场、产品、产品数量、单价、订单价值总额、账期、特殊要求等。

（1）订单上的账期代表客户收货时货款的交付方式。若为 0 账期，则现金付款；若为 3 账期，则表示客户付给企业的是 3 个季度到期的应收账款。

（2）如果订单上标注了“ISO 9000”或“ISO 14000”，则要求生产单位必须取得相应的认证并投放了认证的广告费，两个条件都具备，才能接此订单。

（3）如果订单上有“加急!!!”字样，表示此订单为加急订单，必须在第一季度交货；其余订单为普通订单，可以在当年内任一季度交货。如果不能按时交货，企业将受到以下处罚：①因不守信用市场地位下降一级，如果是市场老大没有按期交货，市场地位下降后，则本年该市场没有市场老大；②下一年该订单必须最先交货；③交货时扣除该订单总额的 20%（取整）作为违约金。

5）订单争取（竞争态势）

客户订单是按市场划分的，选单次序如下：

首先，由上一年在该市场的领导者最先选择订单；其次，按该市场产品的广告投入量的多少，依次选择订单；若在同一产品上有多家企业的广告投入量相同，则按该市场上全部产品的广告投入量决定选单顺序；若该市场的广告投入量也相同，则按上年订单销售额的排名决定顺序；否则通过招标或抓阄等方式选择订单。

说明：①市场老大要想获得选单机会，至少要投 1M 的广告费。②无论你投入多少广告费，每次你只能选择一张订单，然后等待下一次选单机会。③各个市场的产品数量是有限的，并非打广告一定能得到订单，能分析清楚“市场预测”，并且“商业间谍”得力的企业，一定占据优势。

1.6　企业运营规则简表

现实生活中，企业需要遵循分门别类、名目繁多的各项法规和产品开发、生产运作、资金融通的原则。在本实训中，简要归结为八大方面规则。

1.6.1　厂房购买、租赁与出售

厂　房	买　价	租　金	售　价	容　量
大厂房	40M	5M/年	40M（4Q）	6 条生产线
小厂房	30M	3M/年	30M（3Q）	4 条生产线

购买厂房后，将购买款放在厂房价值处，表明该厂房的价值，厂房不提折旧；将租赁厂房的租金放在综合费用区的租金项；出售厂房收入计入 4Q 应收款，不是可以马上使用的现金，急需用钱可以贴现；如果厂房里仍有生产线，需要马上支付租金。

1.6.2 生产线购买、转产与维护、出售

生产线	买价	安装周期	生产周期	转产周期	转产费用	维护费用	出售残值
手工线	5M	无	3Q	无	无	1M/年	1M
半自动	10M	2Q	2Q	1Q	1M	1M/年	2M
全自动	15M	3Q	1Q	1Q	2M	1M/年	3M
柔性线	20M	4Q	1Q	无	无	1M/年	4M

（1）购买：投资新生产线时按安装周期平均支付投资，全部投资到位的下一个季度领取产品标志，开始生产，因此投资完成后的下一个季度才算生产线建成。生产线建成后，不得在各厂房间移动。

（2）转产：现有生产线转产生产新产品时可能需要一定转产周期并支付一定转产费用，最后一笔支付到期一个季度后方可更换产品标志。只有空的并且已经建成的生产线方可转产。

（3）维护：当年在建的生产线和当年出售的生产线不用交维护费；当年建成的生产线要交维护费。

（4）出售：无论何时出售生产线，价格均为残值，该部分转换为现金；净值与残值之差计入损失（综合费用——其他）。在交维护费之前已出售的生产线，当年不用交维护费。例如，B 公司现欲出售半自动生产线一条，若其净值为 2M，其净值等于出售残值，直接将净值 2M 转换为现金；若净值为 4M，大于残值 2M，则将相当于残值的 2M 净值转换为现金，另外 2M 净值计入综合费用区里的其他费用。

（5）折旧：折旧采用 5 年平均年限折旧法。当年建成的生产线不提折旧，当生产线净值等于残值时，不再计提折旧。折旧表如下：

生产线	购置费	残值	建成第一年	建成第二年	建成第三年	建成第四年	建成第五年
手工线	5M	1M	0	1M	1M	1M	1M
半自动	10M	2M	0	2M	2M	2M	2M
自动线	15M	3M	0	3M	3M	3M	3M
柔性线	20M	4M	0	4M	4M	4M	4M

【规则对比】　　　　**传统手工沙盘的原定规则**

生产线	买价	安装周期	生产周期	转产周期	转产费用	维护费用	出售残值
手工线	5M	无	3Q	无	无	1M/年	1M
半自动	8M	2Q	2Q	1Q	1M	1M/年	2M
全自动	16M	4Q	1Q	2Q	4M	1M/年	4M
柔性线	24M	4Q	1Q	无	无	1M/年	8M

（1）购买：同上。

（2）转产：同上。

（3）维护：同上。

（4）出售：同上。

（5）折旧：每年按生产线净值的 1/3 取整计算折旧。当年建成的生产线不提折旧，当生产线净值小于 3M 时，每年提 1M 折旧，直至净值为零，但生产线依旧可以使月，只是不再提折旧了，维护费照样要交。

1.6.3　产品构成与产品生产

产品研发完成后，即可生产。生产不同的产品需要不同的原料。

产　品	产品构成				成　本
P1	1M 加工费	1R1			2M
P2	1M 加工费	1R1	1R2		3M
P3	1M 加工费	2R2	1R3		4M
P4	1M 加工费	1R2	1R3	2R4	5M

（1）R1 红币，R2 橙币，R3 蓝币，R4 绿币均为原料，每个价值均为 1M。

（2）生产上述产品所需支付的加工费相同，均为 1M/产品，用灰币代表。每条生产线只能有一个产品在线生产，开始生产时按产品结构要求将原料放在生产线上并支付 1M 加工费开始生产。

1.6.4　原材料采购

原料采购涉及两个环节，即签订采购合同和按合同收料。签订采购合同时，要注意采购提前期，R1 和 R2 需要提前一期下订单，R3 和 R4 需要提前两期下订单，到期方可取料。早了会造成原材料积压，占用资金；晚了会造成停工待料，影响生产效率。

用空桶表示原材料订货，将其放在沙盘盘面相应的原材料订单上，并记入采购登记表订购数量的相应栏目，订货时不付款。货物到达时，必须照单接收，即按合同收料并支付原材料费，同时记入采购登记表采购入库的相应栏目。

紧急采购，付款即到货，原料价格为直接成本的两倍，成品价格为直接成本的 3 倍，多于直接成本的支出计入损失（综合费用——其他）。

1.6.5　产品研发

产　品	P2	P3	P4	备注说明
研发时间	4Q	6Q	6Q	研发时间可以延期，但不能加速投资
研发投资	4M	6M	12M	

新产品研发投资可以同时进行，按研发周期平均支付研发投资或延期支付。资金短缺时，可以随时中断或终止投资。新产品在全部投资完成后的下一周期方可开始生产，但可提前在年初接订单。

当年研发投资计入当年综合费用，研发投资完成后持全部投资换取产品生产资格证。

【规则对比】　　　　　　　**传统手工沙盘的原定规则**

产品	P2	P3	P4	备注说明
研发时间	6Q	6Q	6Q	研发时间可以延期，但不能加速投资
研发投资	6M	12M	18M	

1.6.6　国际认证

ISO 认证体系	ISO 9000 质量认证	ISO 14000 环境认证	备注说明
持续时间	2 年	3 年	认证时间可以延期，但不能提前
认证费用	2M	3M	

两项认证投资可同时进行或延期，按持续时间平均支付认证费用。相应投资完成后，持投资费用换取相应的 ISO 资格证。当年认证投资计入当年综合费用。

1.6.7　融资贷款与资金贴现

贷款类型	办理时间	最大额度	利息率	还本付息时间	贷/息
长贷（最长为 5 年）	年末	上年权益 2 倍	10%	年底付息，到期还本	20M/2M
短贷（1 年）	季初	上年权益 2 倍	5%	到期还本、付息	20M/1M
高利贷（1 年）	随时	与银行协商	20%	到期还本、付息	20M/4M
资金贴现	随时	视应收款额	12.5%	变现时贴息	8M/1M

说明：本年长期贷款的最大额度=上年权益×2-已贷长期贷款；短期贷款同理。贷款以 20M 及 20M 的整数倍为单位；资金贴现以 8M 及 8M 的整数倍为单位，每 8M 的应收款交纳 1M 的贴现费用，放入综合费用区的其他——贴息栏，其余 7M 作为现金放入现金库。长期贷款在贷款的次年开始支付利息，偿还长期贷款当年也要支付利息。

库存拍卖：原料 8 折，成品原价；原料拍卖金额向下取整。

【规则对比】　　　　　　　**传统手工沙盘的原定规则**

贷款类型	办理时间	最大额度	利息率	还本付息时间	贷/息
长贷（5 年）	年末	上年权益 2 倍	10%	年底付息，到期还本	20M/2M
短贷（1 年）	季初	上年权益 2 倍	5%	到期还本、付息	20M/1M
高利贷 1 年	随时	与银行协商	20%	到期还本、付息	20M/4M
资金贴现	随时	视应收款额	1/7	变现付息	7M/1M

说明：资金贴现以 7M 及 7M 的整数倍为单位，每 7M 的应收款交纳 1M 的贴现费用，放入综合费用区的贴息栏，其余 6M 作为现金放入现金库。

1.6.8　综合费用与折旧、税金、利息

综合费用：行政管理费（每个季度 1M）、市场开拓、产品研发、ISO 认证、广告

费、生产线转产、设备维护、厂房租金等计入综合费用。

折旧：设备折旧按平均年限法计算。当年建成的生产线不提折旧，当生产线净值等于残值时，不再计提折旧。

税金：每年所得税计入应付税金，在下一年年初交纳。

利息：利息、贴息等在试算利润表中单列为财务支出，不计入综合费用。

【规则对比】　　　　　　**传统手工沙盘的原定规则**

折旧：设备折旧按余额递减法计算，每年按生产线净值的1/3取整计算折旧，当年建成的生产线不提折旧，当生产线净值小于3M时，每年提1M折旧。

1.7　编制财务报表说明

简易利润表的编制（以起始年为例）　　　　单位：百万元

序号	项　目		上年	本年	数据来源
1	销售收入	+	35	32	产品核算统计表中的销售额合计
2	直接成本	−	12	12	产品核算统计表中的成本合计
3	毛利	=	23	20	产品核算统计表中的毛利合计
4	综合费用	−	11	9	综合管理费用明细表的合计
5	折旧前利润	=	12	11	序号3行数据−序号4行数据
6	折旧*	−	4	4	盘点盘面上折旧数据
7	支付利息前利润	=	8	7	序号5行数据−序号6行数据
8	财务收入/支出	+/−	4	4	支付借款、高利贷利息和贴息计入财务支出
9	其他收入/支出	+/−			其他财务收支
10	税前利润	=	4	3	序号7行数据−/+序号8、9行数据
11	所得税	−	1	1	序号10行数据为正数时除以3取整
12	净利润	=	3	2	序号10行数据−序号11行数据

*采用原手工沙盘的折旧方法。如果采用平均年限折旧法，金额应为5。

提示：(1) 如果前几年净利润为负数，今年的盈利可先用来弥补以前的亏损，然后再计算所得税。(2) 税前利润=支付利息前利润−财务支出−其他支出+财务收入+其他收入。

简易资产负债表的编制（以起始年为例）　　　　单位：百万元

资　产		年初	本年（数据来源）	负债+所有者权益		年初	本年（数据来源）
流动资产：				负债：			
现金	+	20	42（盘点现金库中现金）	长期负债	+	40	40（除1年到期长贷）
应收账款	+	15	0（盘点应收账款）	短期负债	+	0	0（盘点短期借款）

续表

资 产		年初	本年（数据来源）	负债+所有者权益		年初	本年（数据来源）
在制品	+	8	8（盘点线上在制品）	应付账款	+	0	0（盘点应付账款）
成品	+	6	6（盘点库中成品）	应交税费	+	1	1（根据本年度试算利润表中的所得税填列）
原料	+	3	2（盘点原料库中原料）	1 年到期的长贷	+	0	0（盘点 1 年到期长贷）
流动资产合计	=	52	58（以上 5 项之和）	负债合计	=	41	41（以上 5 项之和）
固定资产：				所有者权益：			
土地和建筑	+	40	40（厂房价值之和）	股本	+	50	50（股东不增资的情况下为 50）
机器设备	+	13	9（设备净值之和）	利润留存	+	11	14（上 1 年利润留成+上 1 年年度净利润）
在建工程	+	0	0（在建设备价值之和）	年度净利润	+	3	2（试算利润表中净利润）
固定资产合计	=	53	49（以上 3 项之和）	所有者权益合计	=	64	66（以上 3 项之和）
总资产	=	105	107（流动资产+固定资产）	负债+权益	=	105	107

1.8 市场预测报告（7 份）

这是由一家权威的市场调研机构对未来 6 年里各个市场的需求的预测，应该说这一预测有着很高的可信度，但根据这一预测进行企业的经营运作，其后果将由各企业自行承担。

P1 产品是目前市场上的主流技术，P2 产品作为对 P1 产品的技术改良产品，也比较容易获得大众的认同。P3 和 P4 产品作为 P 系列产品里的高端技术，各个市场上对它们的认同度不尽相同，需求量与价格也会有较大的差异。

1.8.1 6 组竞赛市场预测

1）本地市场

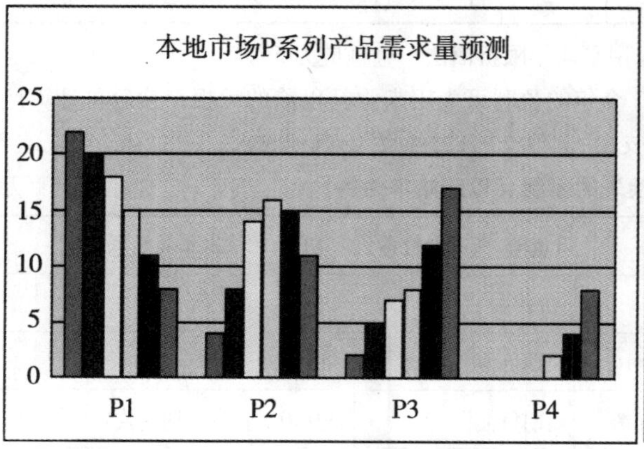

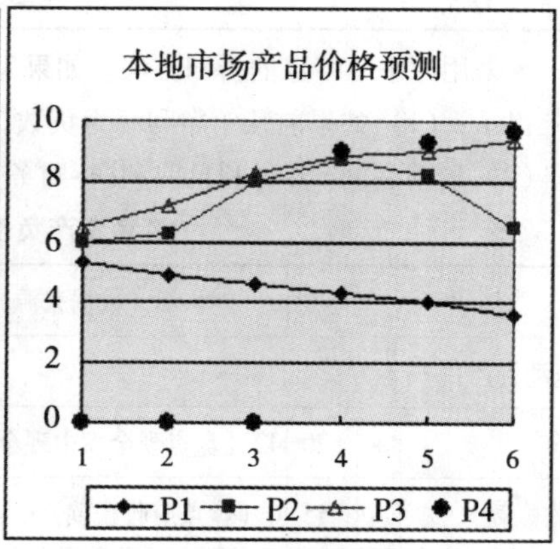

本地市场将会持续发展，客户对低端产品的需求可能要下滑。伴随着需求的减少，低端产品的价格很有可能会逐步走低。后几年，随着高端产品的成熟，市场对 P3 和 P4 产品的需求将会逐渐增大。同时随着时间的推移，客户的质量意识将不断提高，后几年可能会更看好厂商通过了 ISO 9000 和 ISO 14000 认证的产品。

2）区域市场

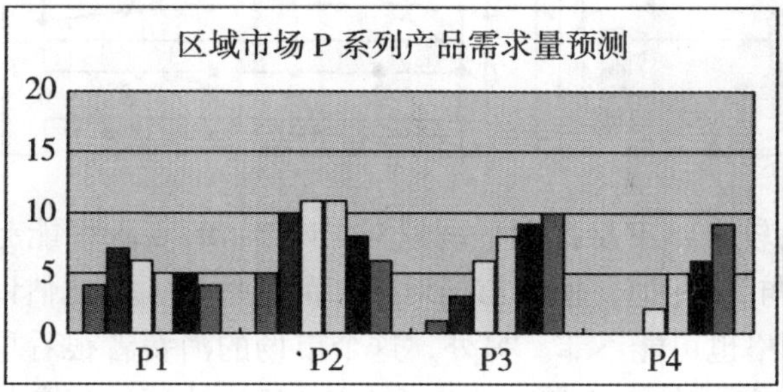

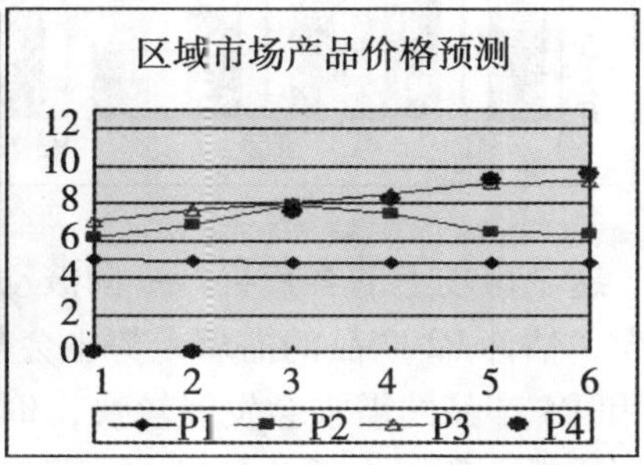

区域市场的客户对 P 系列产品的喜好相对稳定，因此市场需求量的波动也很有可能会比较平稳。因其紧邻本地市场，所以产品需求量的走势可能与本地市场相似，价格趋势也应大致一样。该市场的客户比较乐于接受新的事物，因此对于高端产品也会比较有兴趣，但由于受到地域的限制，该市场的需求总量非常有限，并且这个市场上的客户相对比较挑剔，因此在后几年客户会更看好厂商通过了 ISO 9000 和 ISO 14000认证的产品。

3）国内市场

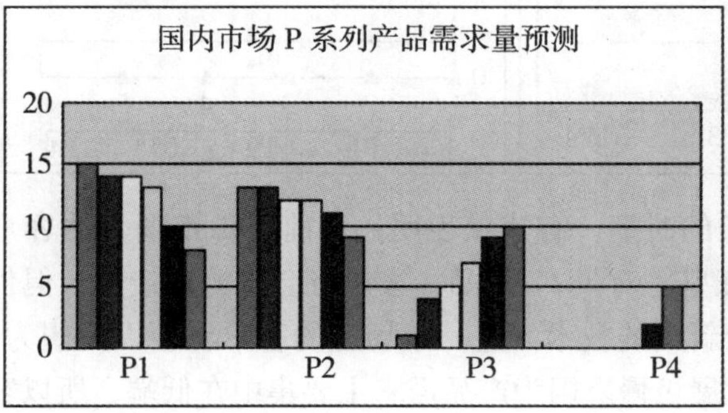

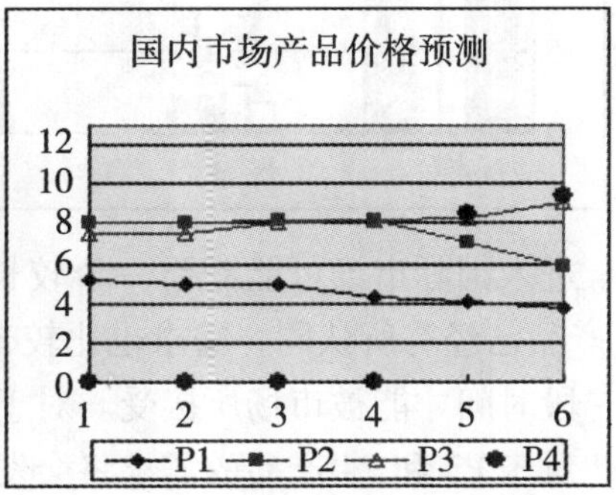

因 P1 产品带有较浓的地域色彩，估计国内市场对 P1 产品不会有持久的需求，但 P2 产品因为更适合国内市场，所以估计需求会一直比较平稳。随着对 P 系列产品新技术的逐渐认同，估计对 P3 产品的需求会发展较快，但这个市场上的客户对 P4 产品却并不是那么认同。当然，对于高端产品来说，客户一定会更注重质量认证。

4）亚洲市场

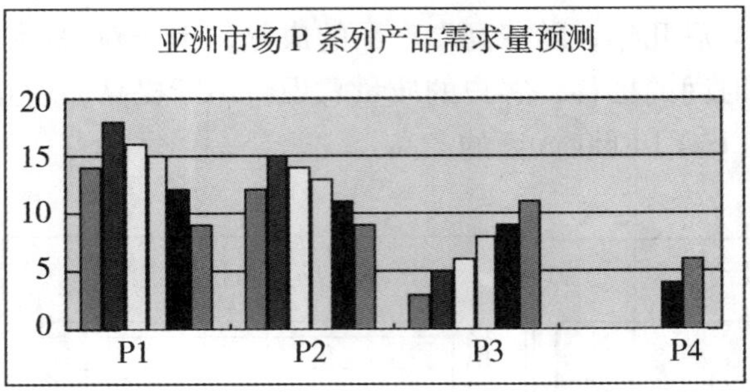

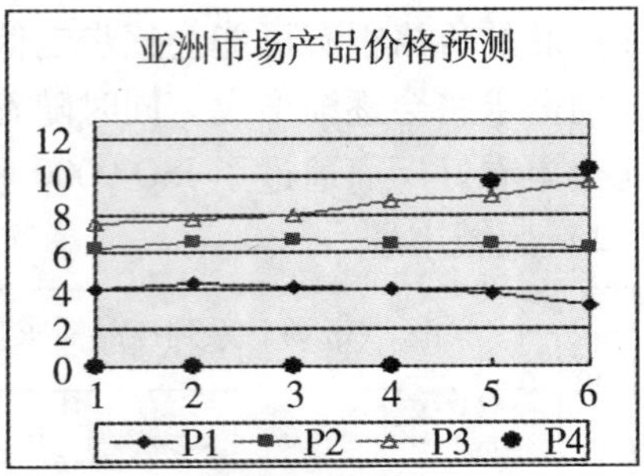

这个市场上的客户喜好一向波动较大，不易把握，所以对 P1 产品的需求可能起伏较大，估计 P2 产品的需求走势也会与 P1 相似，但该市场对新产品很敏感，因此估计对 P3 和 P4 产品的需求会发展较快，价格也可能不菲。另外，这个市场的消费者很看重产品的质量，所以在后几年里，如果厂商没有通过 ISO 9000 和ISO 14000认证，其产品可能很难销售。

5）国际市场

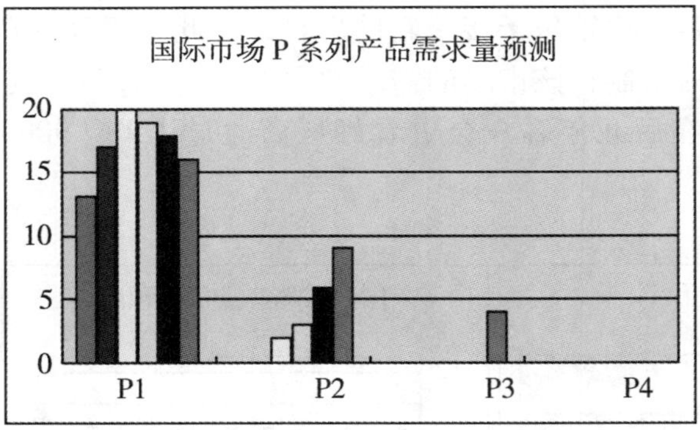

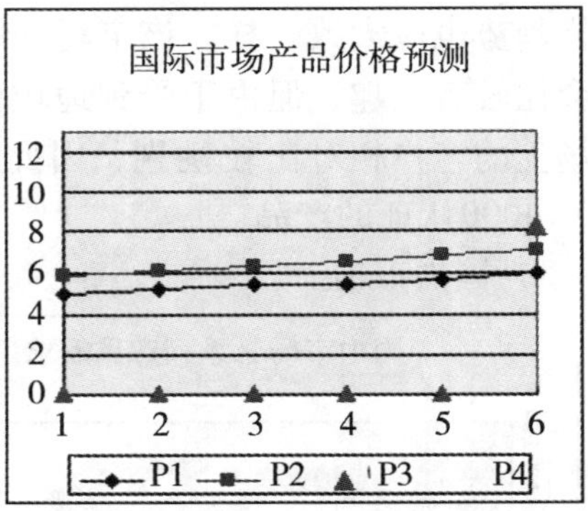

进入国际市场可能需要一个较长的时期。有迹象表明，目前这一市场上的客户对 P1 产品已经有所认同，需求也比较旺盛。对于 P2 产品，客户将会谨慎地接受，但仍需要一段时间才能被市场所接受。对于新兴的技术，这一市场上的客户将会以观望为主，因此对于 P3 和 P4 产品的需求将会发展极慢。因为产品需求主要集中在低端，所以客户对于 ISO 认证的要求并不如其他几个市场那么高，但也不排除在后期会有这方面的需求。

关于市场预测的简略分析：

本地市场：总体市场需求量大，P1 呈现明显的下降趋势，与之相反的是 P3 呈现明显的上升趋势，P2 是先升后降。前 3 年，P1 产品利润空间不错，P2、P3 价格迅速上扬；第四年，本地市场 P2 价格在各个市场中最高。由此，在第一、二年，本地市场对目前的企业（生产能力弱）现有的产品（技术含量低）来说，可以是一个不错的生存市场。而第三年后，可以成为扩大再生产及开发新市场的有力后盾。

区域市场：开发周期短，市场容量不是很大，但 P4 需求较大，产品价格较平稳。若在竞争不太激烈的情况下，可以考虑作为企业的利基市场。因此，区域市场的问题在于如何有效利用。

国内市场：P1、P2、P3 市场容量明显大于区域市场，P1、P2 略呈下降趋势，P3 呈现较明显的上升趋势，P4 需求不大，产品价格相对平稳，P2、P1 价格较好。由于其开发周期与产品的研发周期接近，因此很可能会成为各企业为开拓新市场、增加销售而争夺的焦点。

亚洲市场：开发周期较长，高端产品价格平稳，市场容量略高于平均水平，P1、P2、P3 市场容量明显大于区域市场。由于后几年各企业产能都可能有所扩大，所以占领新市场将成为一些企业的目标。因此，第四年在激烈的竞争中可能会成为广告投放的重地，如果竞争不激烈，也极有可能成为独家的舞台。因而，掌握竞争对手的市场开拓信息非常重要。

国际市场：这是一个非常独特的市场，其独特性并不在于其开发周期最长，而在于从所有年份来看，对 P1 的需求都非常旺盛，在各市场 P1 需求量和价格都普遍下降的情况下，在国际市场 P1 的价格却节节攀升，后期在所有市场所有产品中利润率最高，且维持较高的需求，利润空间非常可观。其独特性还表现在该市场对 P3、P4 几乎无需求，对 P2 的需求在其他市场呈下降的趋势下反而呈上升趋势，虽然规模不是很大，第六年也与国内市场和亚洲市场持平，高于区域市场。这种独特性，也许可以成为制胜甚至反败为胜的关键。

1.8.2　7 组竞赛市场预测

1）本地市场

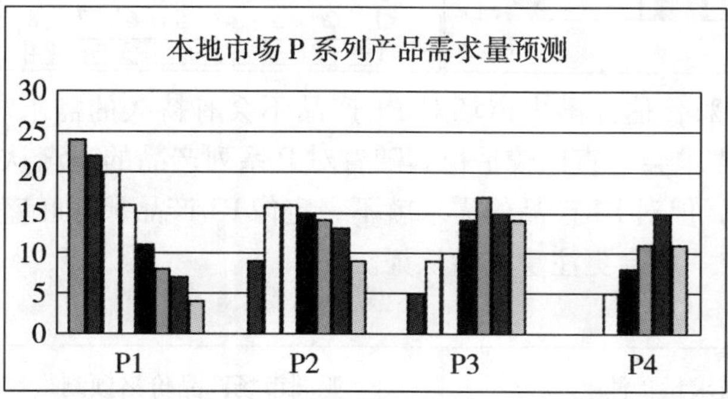

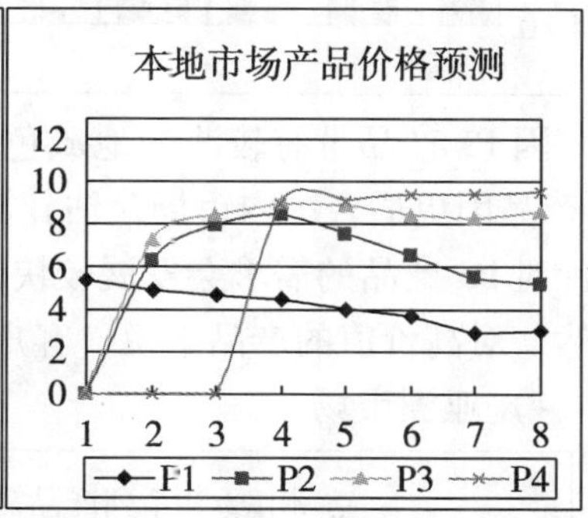

本地市场将会持续发展，客户对低端产品的需求可能要下滑。伴随着需求的减少，低端产品的价格很有可能会逐步走低。后几年，随着高端产品的成熟，市场对 P3 和 P4 产品的需求将会逐渐增大。由于质量意识的不断提高，客户后几年可能会更看好厂商通过了 ISO 9000 和 ISO 14000 认证的产品。

2）区域市场

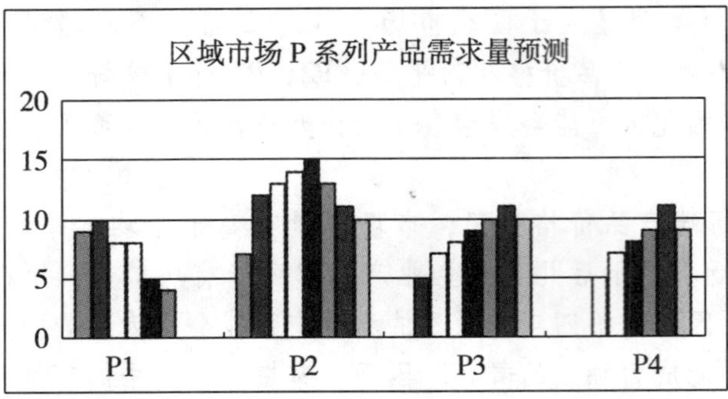

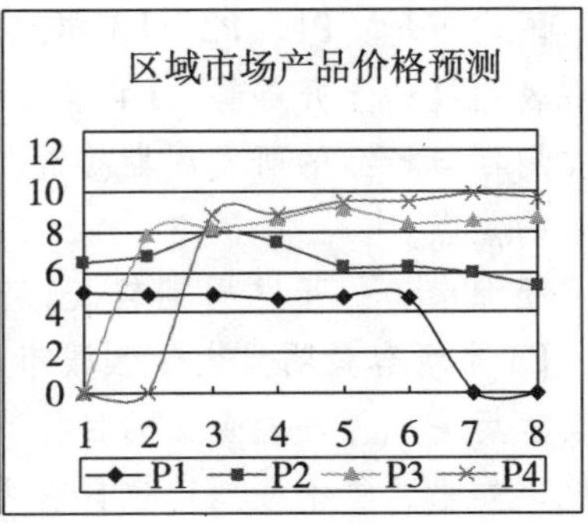

区域市场的客户相对稳定，对 P 系列产品需求的变化很有可能比较平稳。因紧邻本地市场，所以产品需求量的走势可能与本地市场相似，价格趋势也应大致一样。该市场容量有限，对高端产品的需求也可能相对较小，但客户会更看好厂商通过了 ISO 9000 和 ISO 14000 认证的产品。

3）国内市场

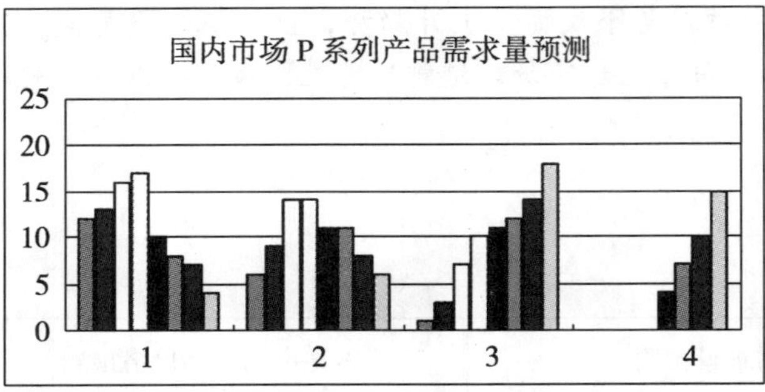

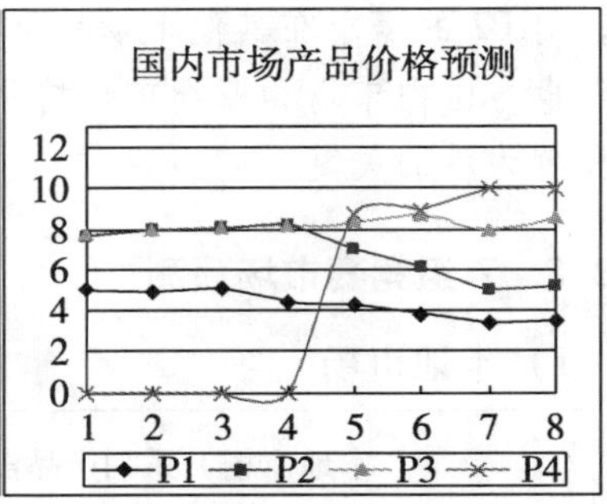

因 P1 产品带有较浓的地域色彩，估计国内市场对 P1 产品不会有持久的需求。但 P2 产品因更适合国内市场，估计需求会一直比较平稳。随着对 P 系列产品的逐渐认同，估计对 P3 产品的需求会发展较快，但对 P4 产品的需求就不一定像 P3 产品那样旺盛了。当然，对高价值的产品来说，客户一定会更注重质量认证。

4）亚洲市场

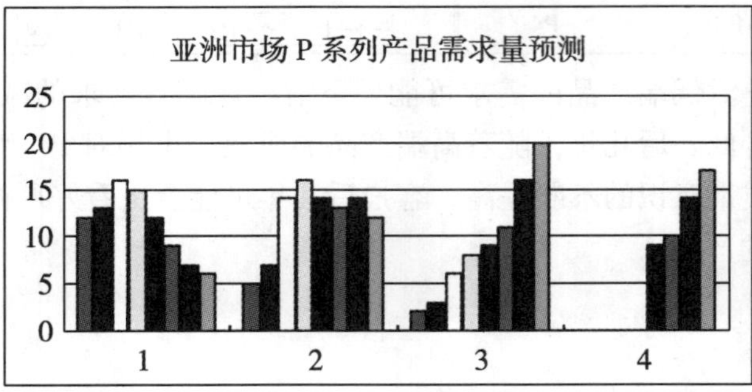

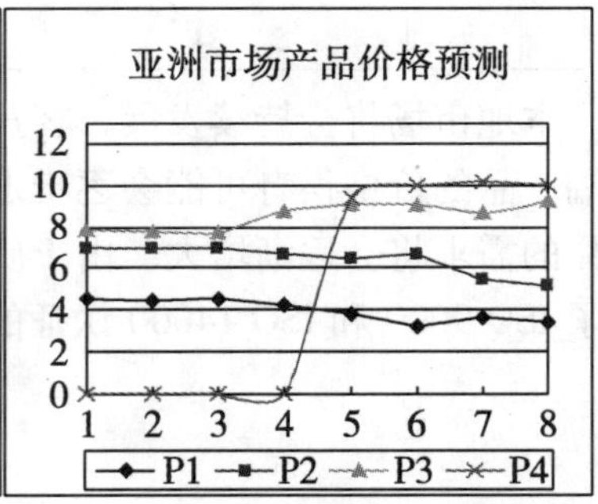

这个市场一向波动较大，所以对 P1 产品的需求可能起伏较大，估计对 P2 产品的需求走势与 P1 产品相似。但该市场对新产品很敏感，因此估计对 P3 和 P4 产品的需求会发展较快，价格也可能不菲。另外，这个市场的消费者很看重产品的质量，所以厂商没有通过 ISO 9000 和 ISO 14000 认证的产品可能很难销售。

5）国际市场

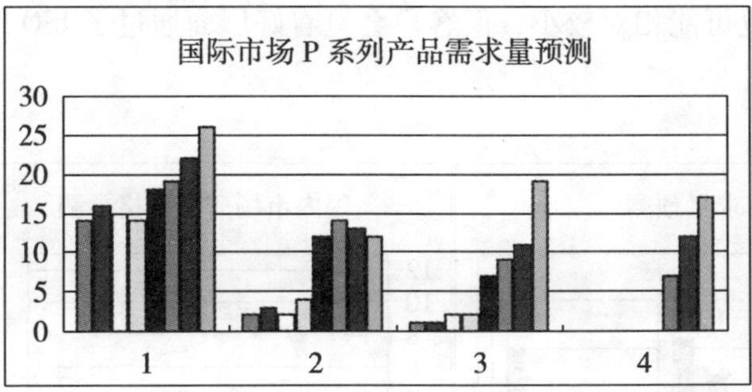

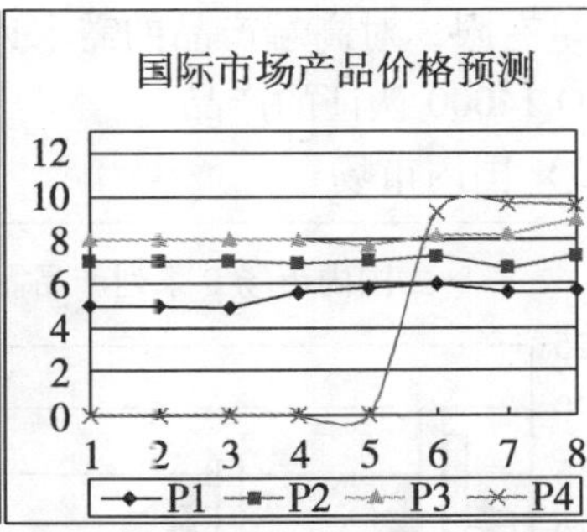

P 系列产品进入国际市场可能需要一个较长的时期。有迹象表明，对 P1 产品已经有所认同，但市场还需要一段时间才能接受，同样市场对 P2、P3 和 P4 产品的接受也会很谨慎，因此需求发展可能会较慢。当然，国际市场的客户也会关注厂商通过了 ISO 认证的产品。

1.8.3　8 组竞赛市场预测

1）本地市场

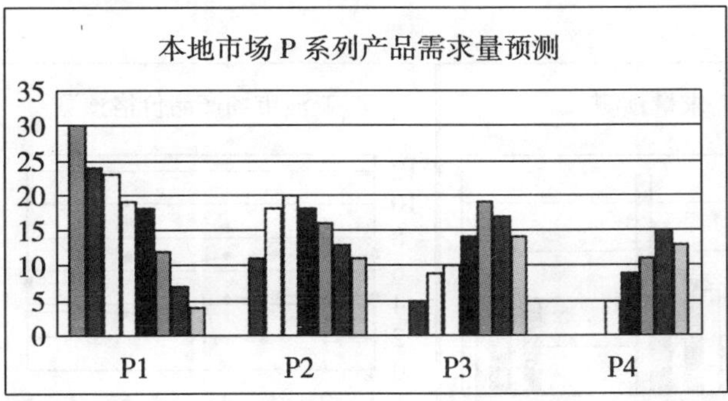

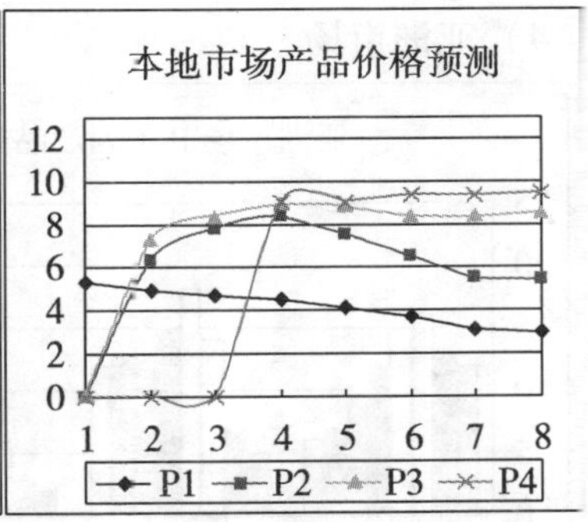

本地市场将会持续发展，对低端产品的需求可能要下滑，伴随着需求的减少，低端产品的价格很有可能走低。后几年，随着高端产品的成熟，市场对 P3 和 P4 产品的需求将会逐渐增大。由于质量意识的不断提高，客户后几年可能会更看好厂商通过了 ISO 9000和 ISO 14000 认证的产品。

2）区域市场

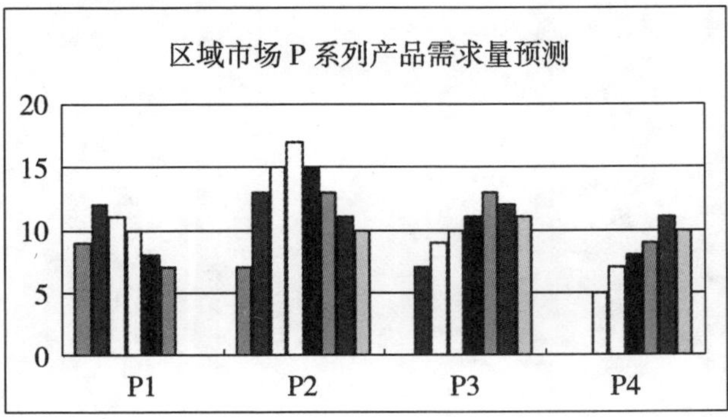

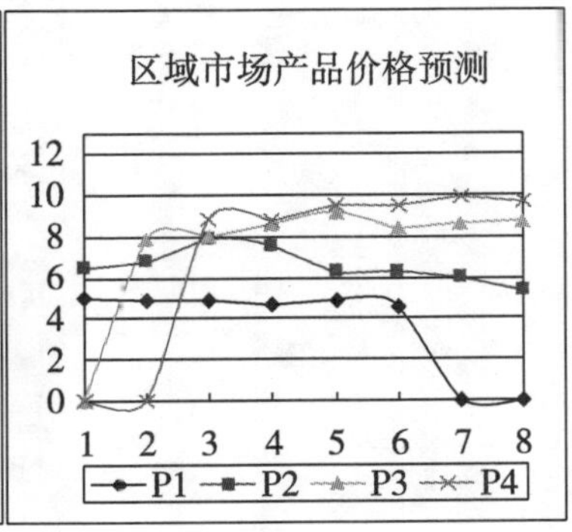

区域市场的客户相对稳定，对 P 系列产品需求的变化很有可能比较平稳。因紧邻本地市场，所以产品需求量的走势可能与本地市场相似，价格趋势也应大致一样。该市场容量有限，对高端产品的需求也可能相对较小，但客户会更看好厂商通过了 ISO 9000 和 ISO 14000 认证的产品。

3）国内市场

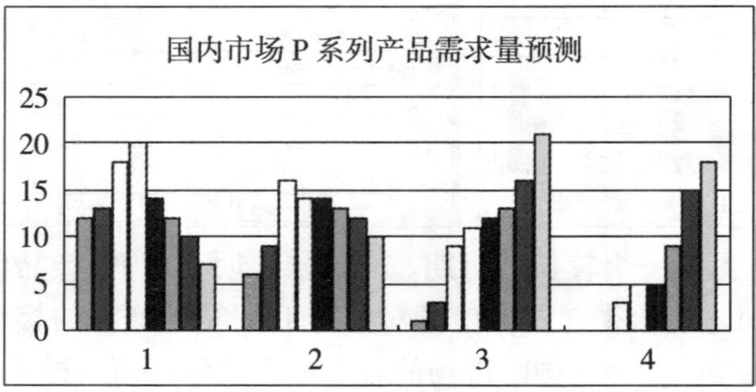

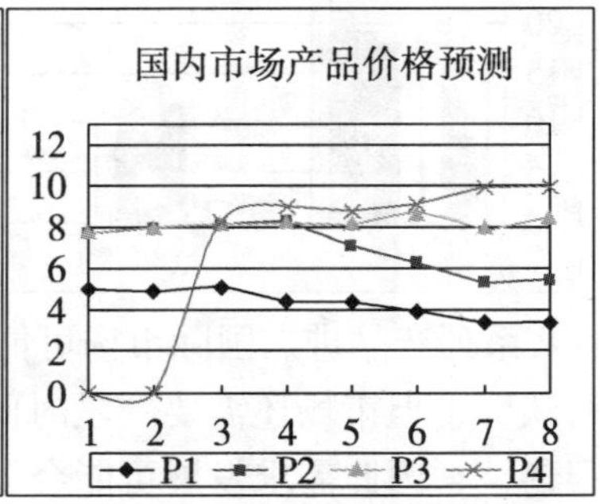

因 P1 产品带有较浓的地域色彩，估计国内市场对 P1 产品不会有持久的需求。但 P2 产品因更适合国内市场，估计需求会一直比较平稳。随着对 P 系列产品的逐渐认同，估计对 P3 产品的需求会发展较快，但对 P4 产品的需求就不一定像 P3 产品那样旺盛了。当然，对高价值的产品来说，客户一定会更注重质量认证。

4）亚洲市场

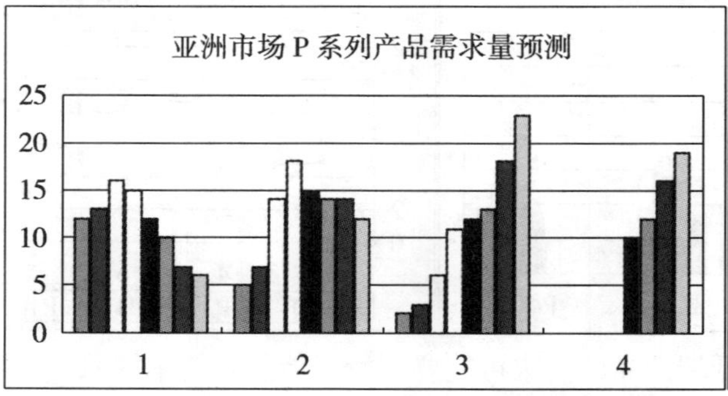

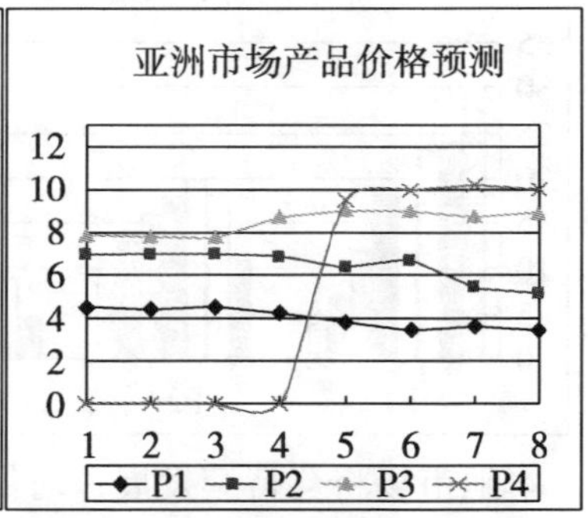

这个市场一向波动较大，所以对 P1 产品的需求可能起伏较大，估计对 P2 产品的需求走势与 P1 产品相似。但该市场对新产品很敏感，因此估计对 P3 和 P4 产品的需求会发展较快，价格也可能不菲。另外，这个市场的消费者很看重产品的质量，所以厂商没有通过 ISO 9000 和 ISO 14000 认证的产品可能很难销售。

5）国际市场

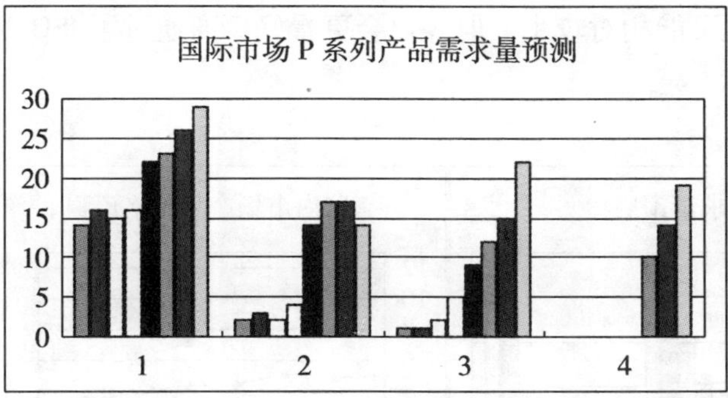

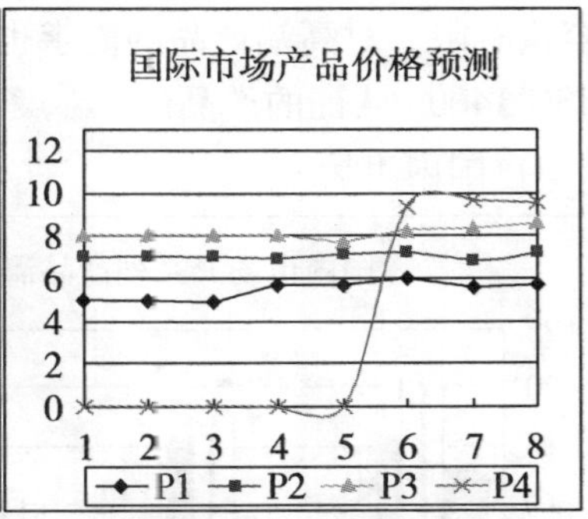

P 系列产品进入国际市场可能需要一个较长的时期。有迹象表明，对 P1 产品已经有所认同，但市场还需要一段时间才能接受，同样对 P2、P3 和 P4 产品的接受也会很谨慎，因此需求发展可能会较慢。当然，国际市场的客户也会关注厂商通过了 ISO 认证的产品。

1.8.4　9 组竞赛市场预测

1）本地市场

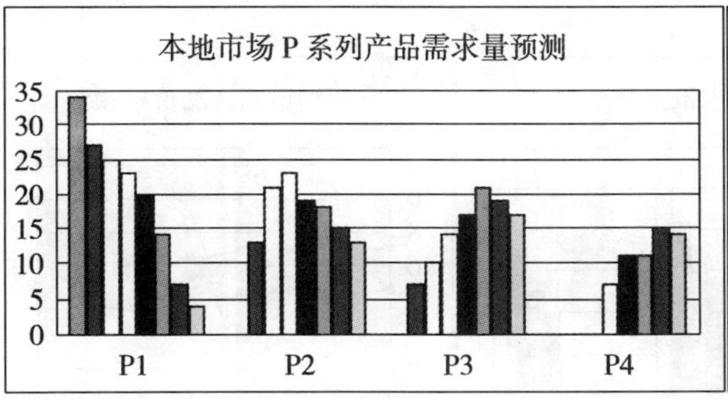

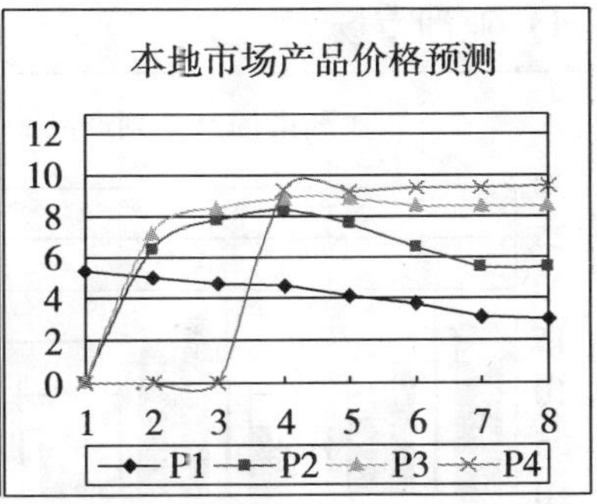

本地市场将会持续发展，对低端产品的需求可能要下滑，伴随着需求的减少，低端产品的价格很有可能走低。后几年，随着高端产品的成熟，市场对 P3 和 P4 产品的需求将会逐渐增大。由于质量意识的不断提高，客户后几年可能更看好厂商通过了 ISO 9000 和 ISO 14000 认证的产品。

2）区域市场

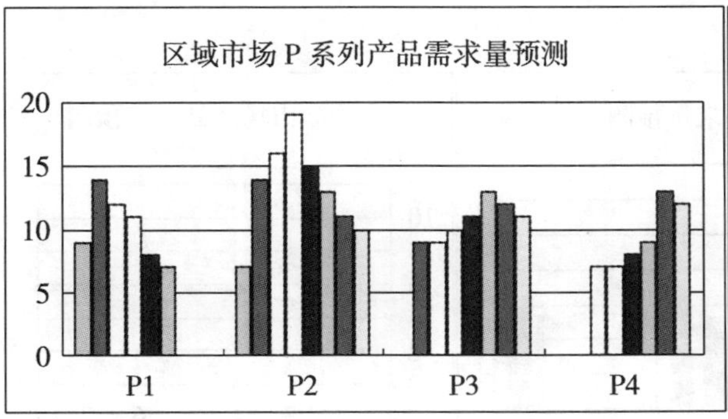

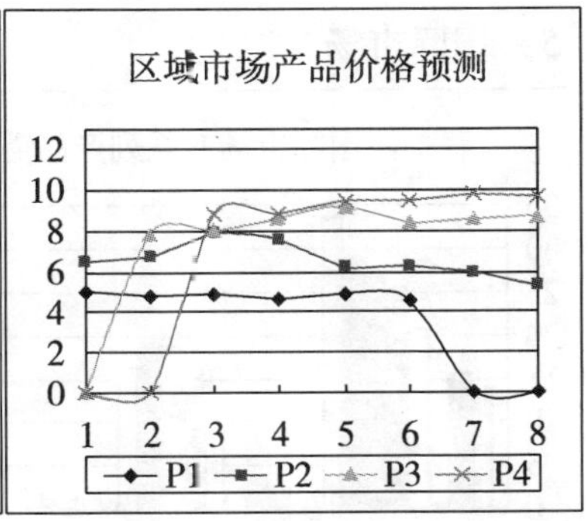

区域市场的客户相对稳定，对 P 系列产品需求的变化很有可能比较平稳。因紧邻

本地市场，所以产品需求量的走势可能与本地市场相似，价格趋势也应大致一样。该市场容量有限，对高端产品的需求也可能相对较小，但客户会更看好厂商通过了 ISO 9000 和 ISO 14000 认证的产品。

3）国内市场

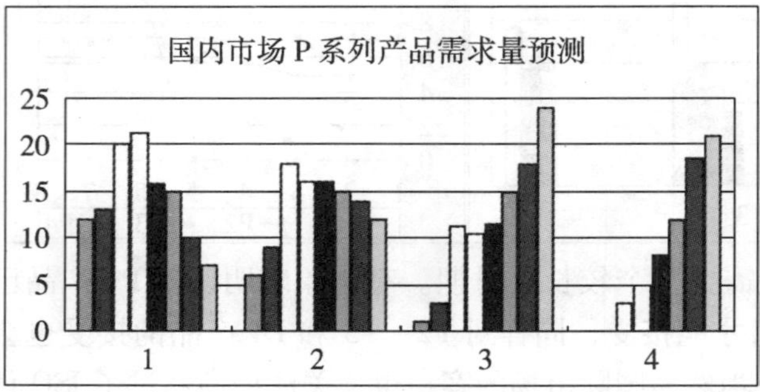

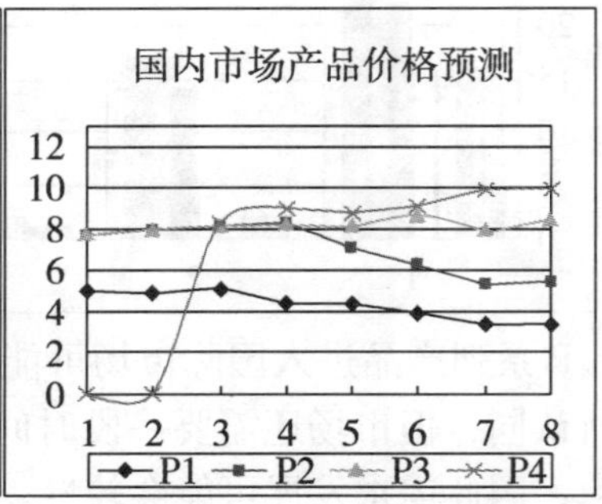

因 P1 产品带有较浓的地域色彩，估计国内市场对 P1 产品不会有持久的需求。但 P2 产品因更适合国内市场，估计需求会一直比较平稳。随着对 P 系列产品的逐渐认同，估计对 P3 产品的需求会发展较快，但对 P4 产品的需求就不一定像 P3 产品那样旺盛了。当然，对高价值的产品来说，客户一定会更注重质量认证。

4）亚洲市场

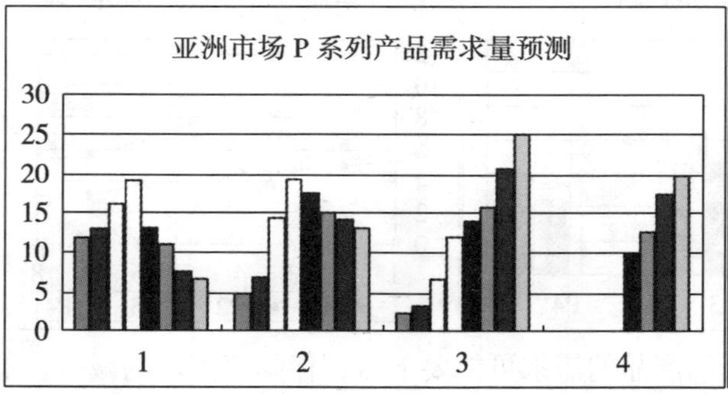

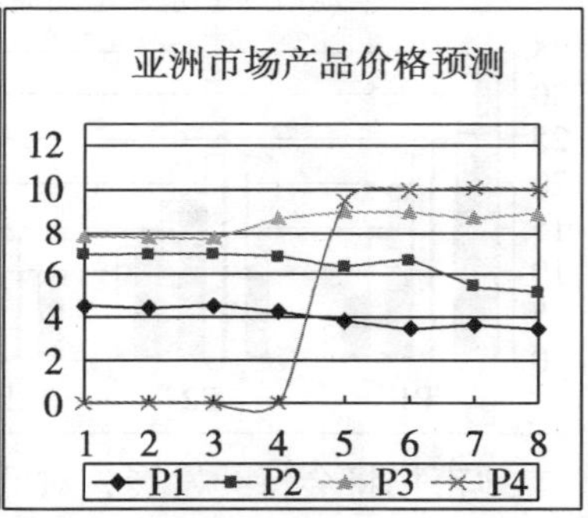

这个市场一向波动较大，所以对 P1 产品的需求可能起伏较大，估计对 P2 产品的需求走势与 P1 产品相似。但该市场对新产品很敏感，因此估计对 P3 和 P4 产品的需求会发展较快，价格也可能不菲。另外，这个市场的消费者很看重产品的质量，所以厂商没有 ISO 9000 和 ISO 14000 认证的产品可能很难销售。

5）国际市场

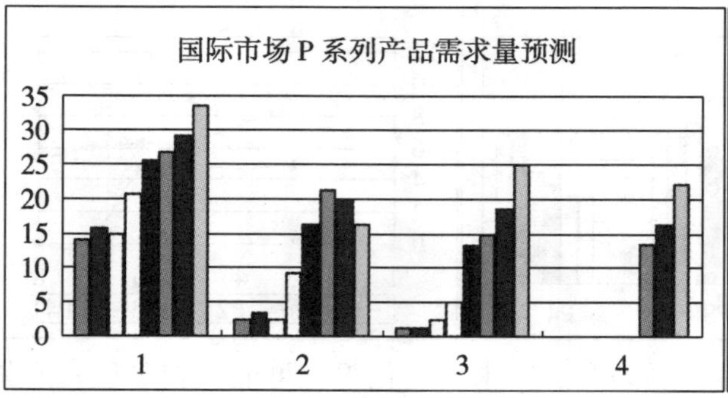

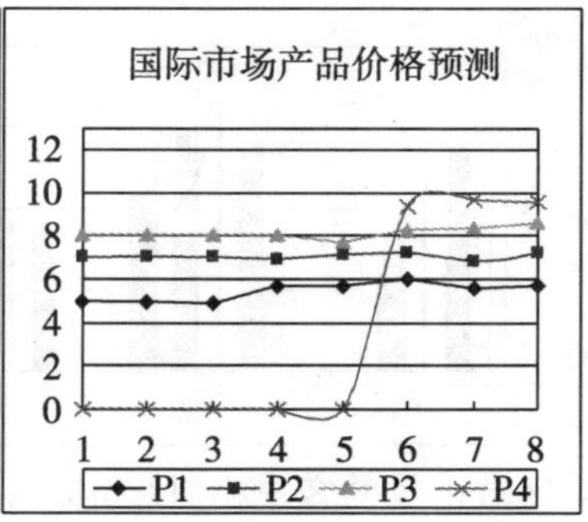

P 系列产品进入国际市场可能需要一个较长的时期。有迹象表明，对 P1 产品已经有所认同，但市场还需要一段时间才能接受，同样对 P2、P3 和 P4 产品的接受也会很谨慎，因此需求发展可能会较慢。当然，国际市场的客户也会关注厂商通过了 ISO 认证的产品。

1.8.5　10 组竞赛市场预测

1）本地市场

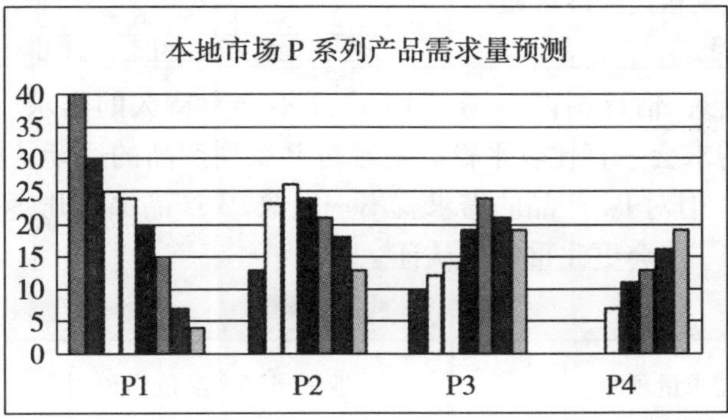

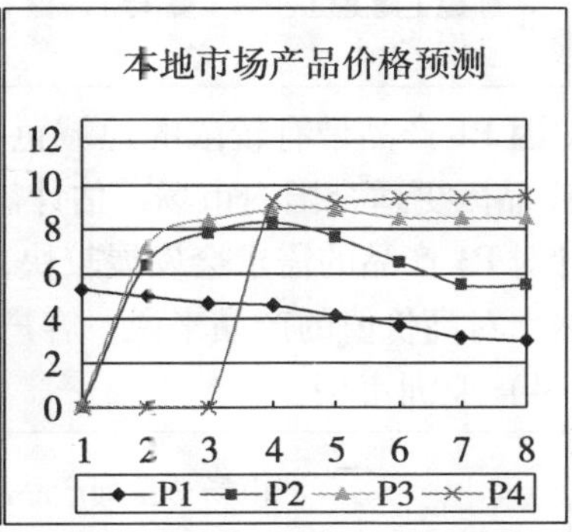

本地市场将会持续发展，对低端产品的需求可能要下滑，伴随着需求的减少，低端产品的价格很有可能走低。后几年，随着高端产品的成熟，市场对 P3 和 P4 产品的需求将会逐渐增大。由于质量意识的不断提高，客户后几年可能更看好厂商通过了 ISO 9000 和 ISO 14000 认证的产品。

2）区域市场

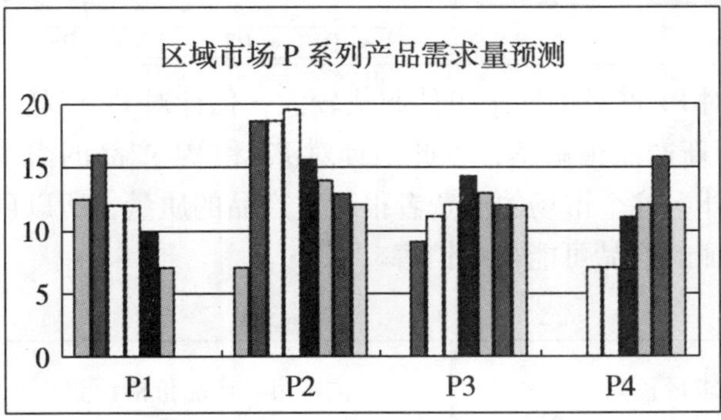

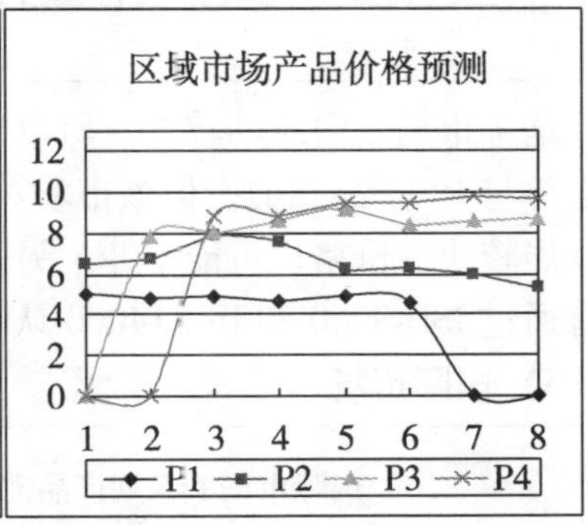

区域市场的客户相对稳定，对 P 系列产品需求的变化很有可能比较平稳。因紧邻本地市场，所以产品需求量的走势可能与本地市场相似，价格趋势也应大致一样。该市场容量有限，对高端产品的需求也可能相对较小，但客户会更看好厂商通过了 ISO 9000 和 ISO 14000 认证的产品。

3）国内市场

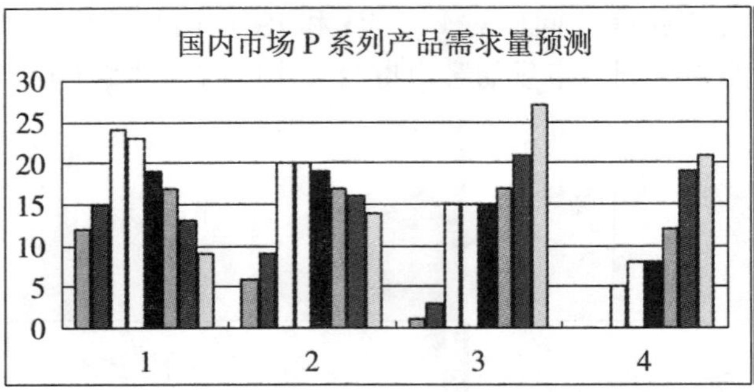

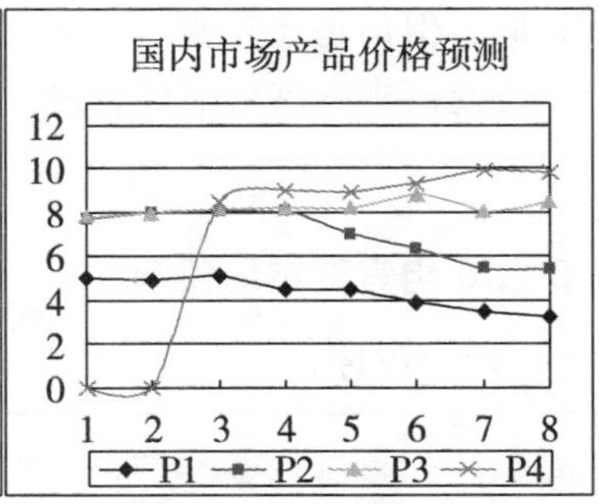

因 P1 产品带有较浓的地域色彩，估计国内市场对 P1 产品不会有持久的需求。但 P2 产品因更适合国内市场，估计需求会一直比较平稳。随着对 P 系列产品的逐渐认同，估计对 P3 产品的需求会发展较快，但对 P4 产品的需求就不一定像 P3 产品那样旺盛了。当然，对高价值的产品来说，客户一定会更注重质量认证。

4）亚洲市场

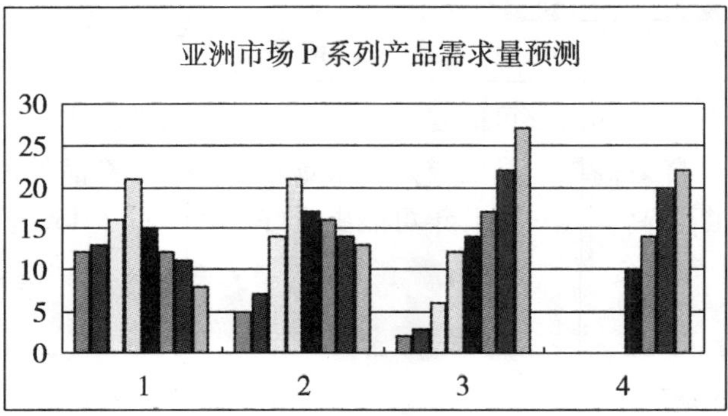

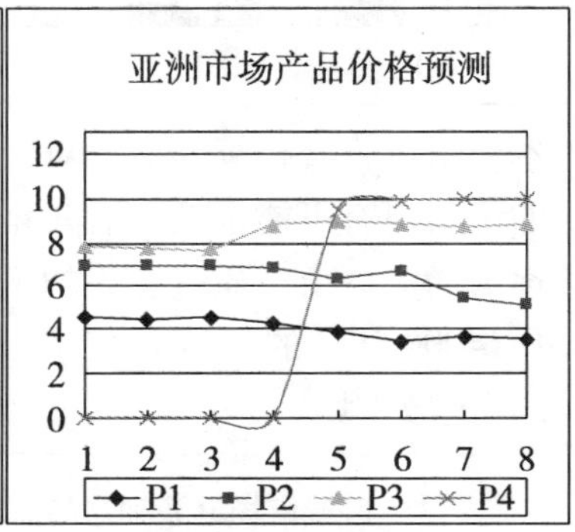

这个市场一向波动较大，所以对 P1 产品的需求可能起伏较大，估计对 P2 产品的需求走势与 P1 产品相似。但该市场对新产品很敏感，因此估计对 P3 和 P4 产品的需求量会发展较快，价格也可能不菲。另外，这个市场的消费者很看重产品的质量，所以厂商没有通过 ISO 9000 和 ISO 14000 认证的产品可能很难销售。

5）国际市场

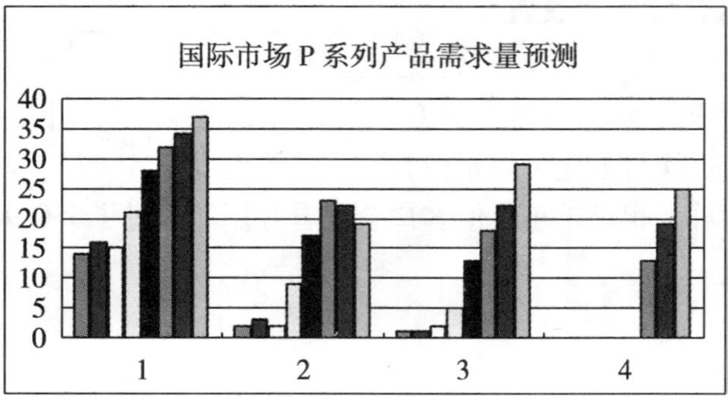

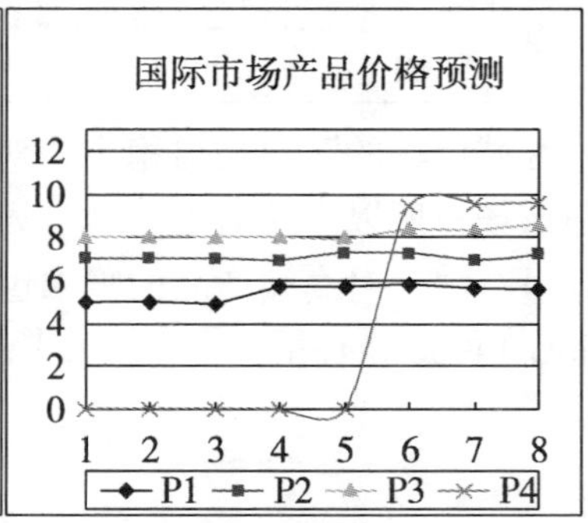

P 系列产品进入国际市场可能需要一个较长的时期。有迹象表明，P1 产品已得到认同，但市场还需要一段时间才能接受，同样对 P2、P3 和 P4 产品的接受也会很谨慎，因此需求发展可能会较慢。当然，国际市场的客户也会关注厂商通过了 ISO 认证的产品。

1.8.6 11 组竞赛市场预测

1）本地市场

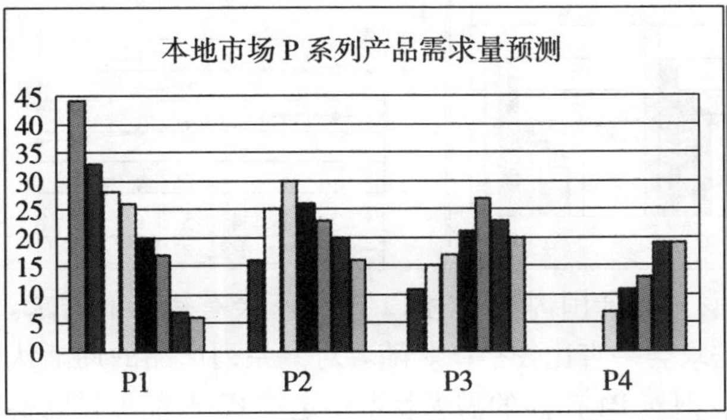

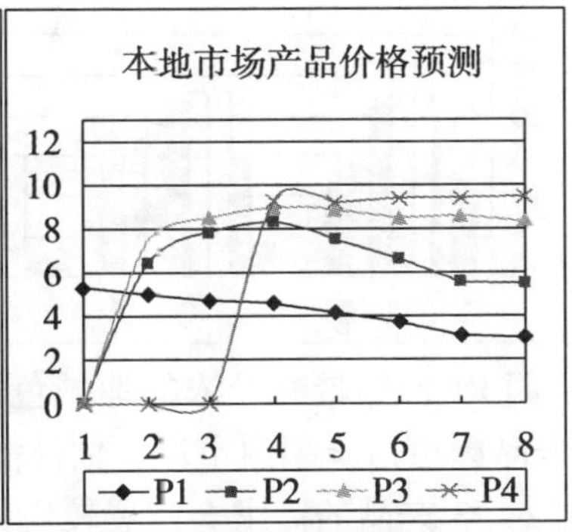

本地市场将会持续发展，对低端产品的需求可能要下滑，伴随着需求的减少，低端产品的价格很有可能走低。后几年，随着高端产品的成熟，市场对P3和P4产品的需求将会逐渐增大。由于质量意识的不断提高，客户后几年可能更看好厂商通过了ISO 9000和ISO 14000认证的产品。

2）区域市场

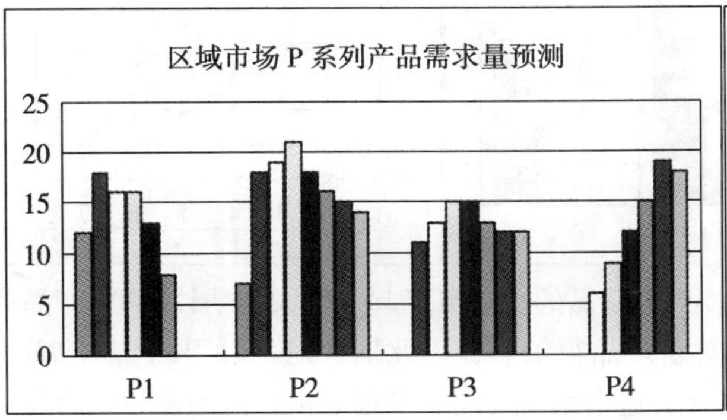

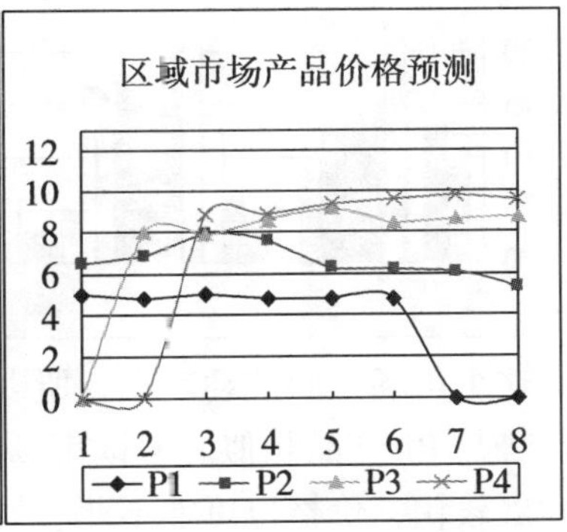

区域市场的客户相对稳定，对P系列产品需求的变化很有可能比较平稳。因紧邻本地市场，所以产品需求量的走势可能与本地市场相似，价格趋势也应大致一样。该市场容量有限，对高端产品的需求也可能相对较小，但客户会更看好厂商通过了ISO 9000和ISO 14000认证的产品。

3）国内市场

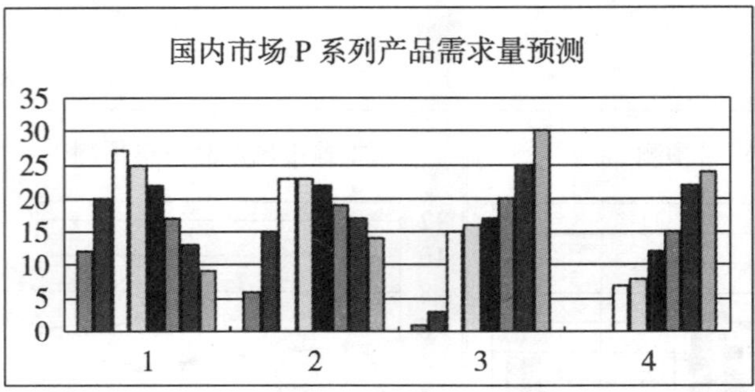

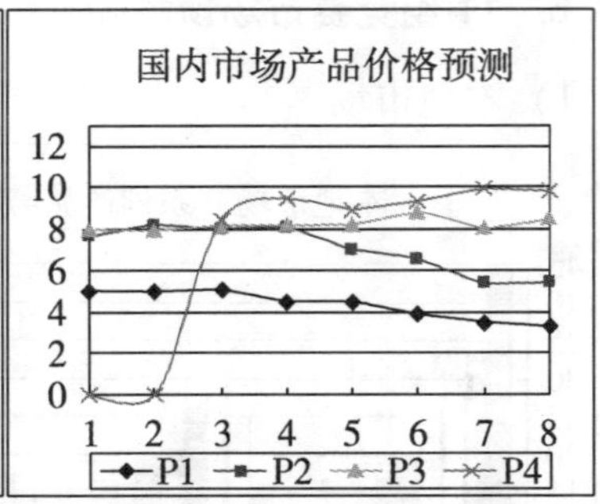

因 P1 产品带有较浓的地域色彩，估计国内市场对 P1 产品不会有持久的需求。但 P2 产品因更适合国内市场，估计需求会一直比较平稳。随着对 P 系列产品的逐渐认同，估计对 P3 产品的需求会发展较快，但对 P4 产品的需求就不一定像 P3 产品那样旺盛了。当然，对高价值的产品来说，客户一定会更注重质量认证。

4）亚洲市场

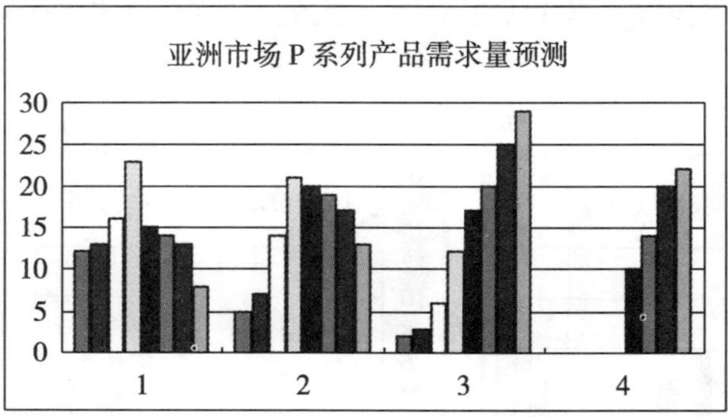

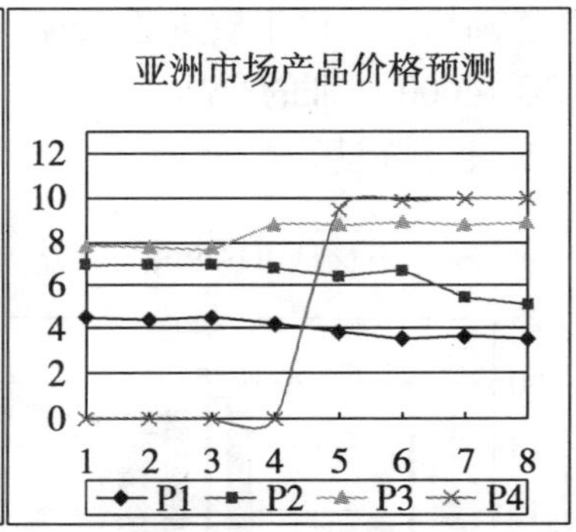

这个市场一向波动较大，所以对 P1 产品的需求可能起伏较大，估计对 P2 产品的需求走势与 P1 产品相似。但该市场对新产品很敏感，因此估计对 P3、P4 产品的需求量会发展较快，价格也可能不菲。另外，这个市场的消费者很看重产品的质量，所以厂商没有通过 ISO 9000 和 ISO 14000 认证的产品可能很难销售。

5）国际市场

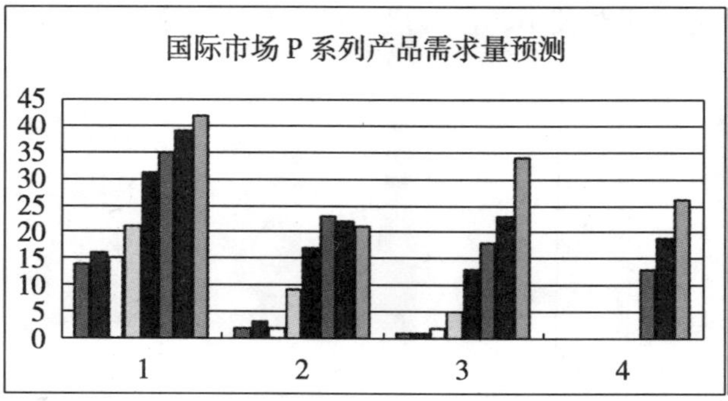

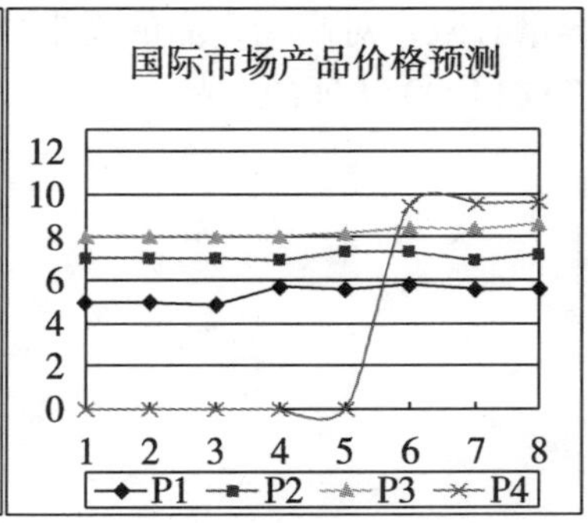

P 系列产品进入国际市场可能需要一个较长的时期。有迹象表明，P1 产品已得到认同，但市场还需要一段时间才能接受，同样对 P2、P3 和 P4 产品的接受也会很谨慎，因此需求发展可能会较慢。当然，国际市场的客户也会关注厂商通过了 ISO 认证的产品。

1.8.7 12 组竞赛市场预测

1）本地市场

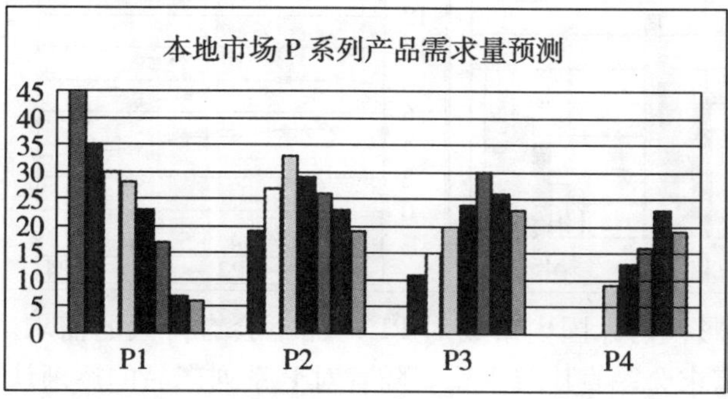

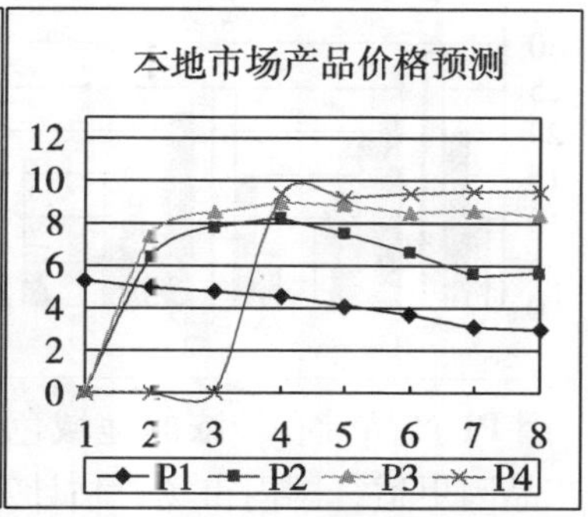

本地市场将会持续发展，对低端产品的需求可能要下滑，伴随着需求的减少，低端产品的价格很有可能走低。后几年，随着高端产品的成熟，市场对 P3 和 P4 产品的需求将会逐渐增大。由于质量意识的不断提高，客户后几年可能会更看好厂商通过了 ISO 9000和 ISO 14000 认证的产品。

2）区域市场

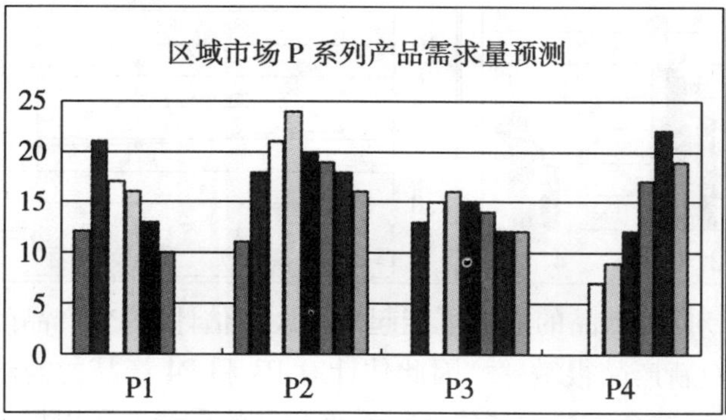

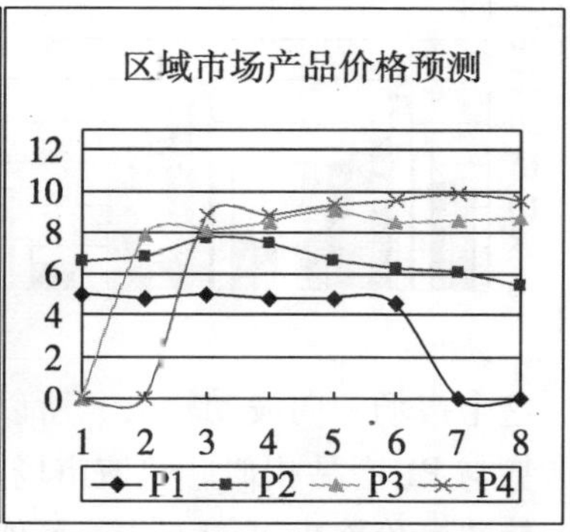

区域市场的客户相对稳定，对 P 系列产品需求的变化很有可能比较平稳。因紧邻本地市场，所以产品需求量的走势可能与本地市场相似，价格趋势也应大致一样。该市场容量有限，对高端产品的需求也可能相对较小，但客户会更看好厂商通过了 ISO 9000 和 ISO 14000 认证的产品。

3）国内市场

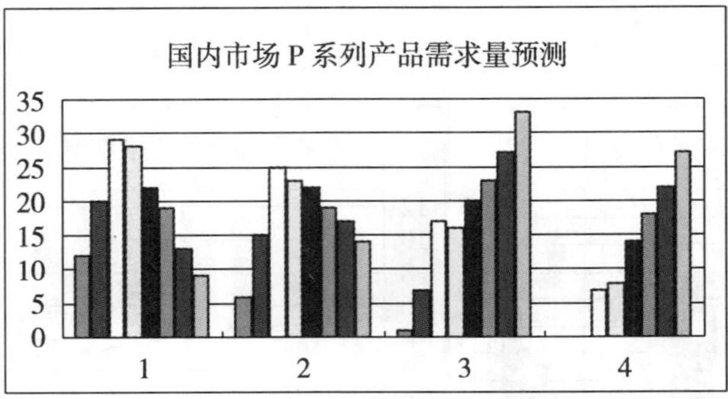

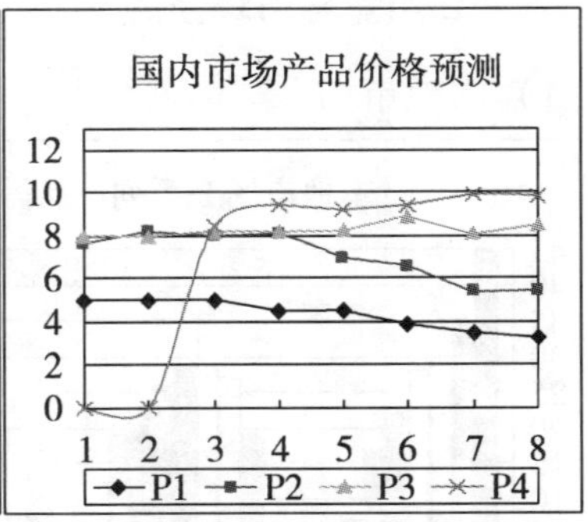

因 P1 产品带有较浓的地域色彩，估计国内市场对 P1 产品不会有持久的需求。但 P2 产品因更适合国内市场，估计需求会一直比较平稳。随着对 P 系列产品的逐渐认同，估计对 P3 产品的需求会发展较快，但对 P4 产品的需求就不一定像 P3 产品那样旺盛了。当然，对高价值的产品来说，客户一定会更注重质量认证。

4）亚洲市场

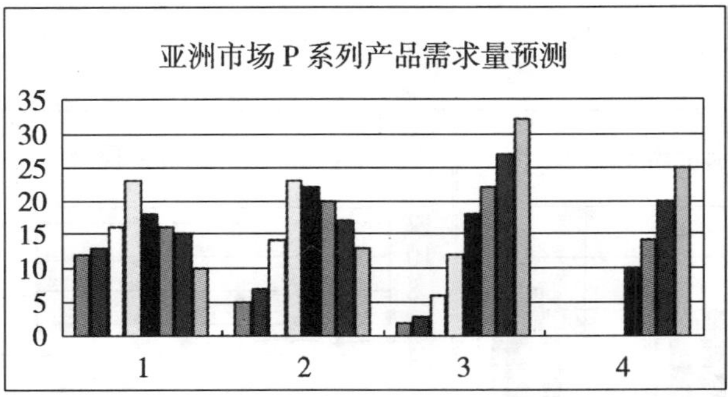

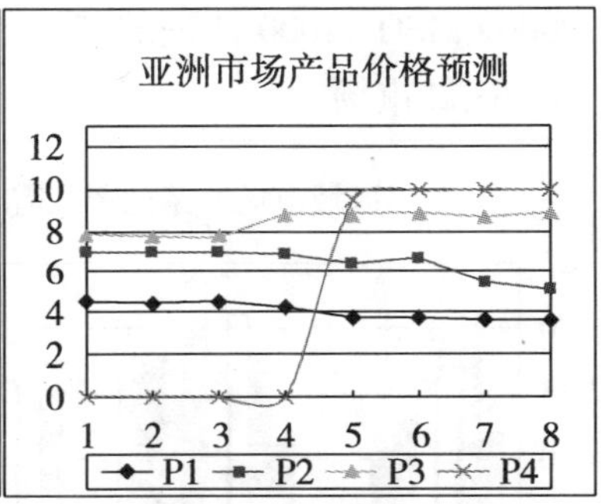

这个市场一向波动较大，所以对 P1 产品的需求可能起伏较大，估计对 P2 产品的需求走势与 P1 产品相似。但该市场对新产品很敏感，因此估计对 P3 和 P4 产品的需求会发展较快，价格也可能不菲。另外，这个市场的消费者很看重产品的质量，所以厂商没有通过 ISO 9000 和 ISO 14000 认证的产品可能很难销售。

5）国际市场

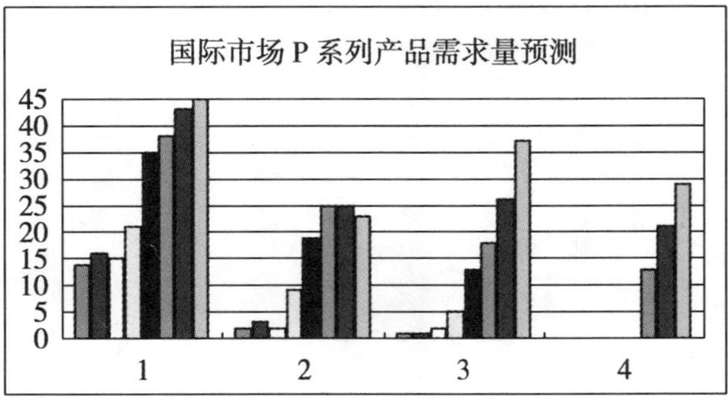

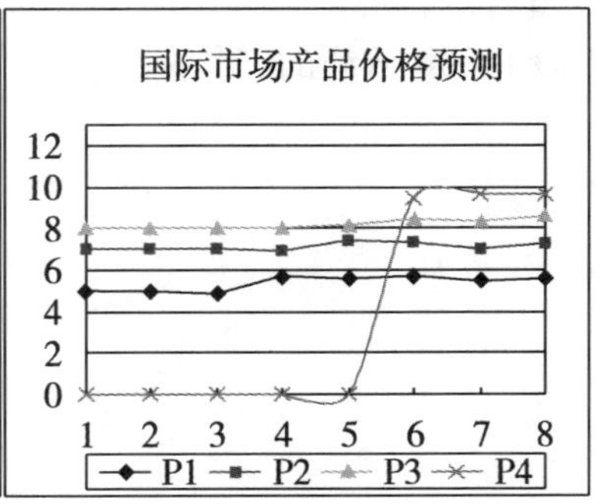

P 系列产品进入国际市场可能需要一个较长的时期。有迹象表明，P1 产品已得到认同，但市场还需要一段时间才能接受，同样对 P2、P3 和 P4 产品的接受也会很谨慎，因此需求发展可能会较慢。当然，国际市场的客户也会关注厂商通过了 ISO 认证的产品。

团结就是力量！

第二篇

操 作 篇

思路决定出路，格局决定结局。

企业为什么需要战略？根本原因是因为资源有限。

战略没有好坏，只有适合和不适合，适合自己的战略就是最好的战略。

2.0 开篇语

也许你已经迫不及待地想动手操作，且慢！在进行模拟企业的实际操作前，你和你的团队必须解决以下3个问题：一是彻底弄懂导入篇所讲的市场规则和企业运营规则，这是企业有效运营的基础；二是基于导入篇所提供的市场预测，制定企业的发展战略，明确企业的发展方向和目标，这是取胜的关键；三是严肃组织纪律，使企业能在CEO的统一指挥下，严格按照企业流程各司其职、协调运作，这是成功的保障。

2.0.1 关于运营规则

了解规则并用好规则，是模拟企业顺利有效经营的基础。运营规则并不是只要CEO掌握就行了，其实每个人都应该熟练掌握，特别是涉及你所负责业务部分的规则。对于规则，要彻底弄懂，而不是想当然的似懂非懂。在实训过程中，我们发现关于市场老大的作用和地位与广告和选单的关系理解错误的最多；关于新生产线的折旧与维护费搞错的人也很多；还有就是贷款的更新与利息、新产品的上市与广告的顺序、不同产品的成本核算等有很多人搞错。在本实训中，原材料订货与采购应该比较简单，可是还有很多人搞错，要么是搞不清订货与采购的关系，要么是订货采购得太早，以至于积压在原材料库里迟迟不能用等，不一而足。

接下来，在实际操作中，不同角色的用表填法不同。CEO的用表，主要是控制企业按流程运营，在完成每项工作后画钩即可。财务总监的企业运营流程表，主要填写的是现金流入、流出的数字，不涉及现金流入、流出的项目不填写数字，画钩、叉或星号即可；在资产负债表中，产成品和在制品科目填的是产成品和在制品的价值金额，而不是个数。营销总监的用表填写的是产成品的数量等；生产总监的用表填的是在制品的数量等；采购总监的用表填写的是原材料订货和采购的数量等；COO 的用表与 CEO 为同一个表，主要是监督企业按流程运营，在团队成员完成每项工作后画钩。专门的情报人员使用营销总监的用表。

还有一点要特别说明的是应严格按照模拟企业运营流程一步步运作，不要跳跃式运行。短期贷款是每个季度初都能贷，而长期贷款只有年底才能贷。在现金流运行到年底时就要决定是不是要增加长期贷款，而不是等到结完账后，甚至是下一年已经开始运行时，才想要长期贷款。

关于竞争的胜负，不光看你的企业当前的所有者权益，还要看你的企业的发展潜力。切记！

2.0.2 关于战略选择

企业经营犹如船在波涛汹涌的大海中航行。船要驶向希冀的彼岸，就离不开罗盘和舵柄。企业要在瞬息万变的竞争环境里生存和发展，也离不开企业战略的指引。用马云先生的话来说："小公司的发展战略就是：活下来，挣钱！"因此，我们在制定发展战略时，一定要注意控制发展速度。此举并非是提倡墨守成规、停滞不前，而是要注意发展的速度要与企业权益和财务状况的发展相平衡才能相得益彰，这也是管理的精髓之一——"适度"的问题。

一些实训团队在制定企业发展战略时，豪情万丈，气吞山河，大有扫平天下之势：一上来就拼命铺设全自动和柔性生产线，研发全系列产品，开发全部市场，融资用到了极限。结果是财务费用、研发费用、市场开拓等费用支出巨大，再加上生产线折旧等，公司权益下降迅速，致使权益为负或现金断流，不得不在眼泪中宣告破产。为此，各企业在制定战略时，一定不要脱离企业的实际，要懂得量力而行。当然，过于保守也不行。

正确的做法是：由于资源有限，企业在一定时期里，只能做有限的事，因此目标一定要明确。具体到我们的实训中，就是要思索回答以下几个问题：

1）我们想成为什么样的公司？

如规模上，是大公司还是小公司；生产产品上，是多品种还是少品种；市场开拓上，是许多市场还是少量市场；市场地位上，是努力成为市场领导者还是追随者。

例如，C 公司拟采取"全部市场+有限产品"的策略，所以第一年只在本地市场投了 2M 广告费，销售了部分 P1 产品。在随后的第二年，C 公司仍然只生产 P1 产品，并用较低的广告费售出了一部分 P1 产品。C 公司第一时间开发了所有市场，却并没有开发新产品。正当人们认为其发展滞后时，C 公司在第三年年初跳过 P2、P3 产品，直接开发了 P4 产品，并开建一条 P1 产品的全自动生产线，保留一条 P1 产品的半自动生产线。在第三年 4Q 变卖了手工生产线，开始投资建设 4 条 P4 产品的全自动生产线，在第四年 2Q 与 P4 产品的研发同步完成，3Q 开始生产 P4。从第四年开始，由于其独家生产 P4 产品，包揽了 P4 产品市场。第五年，由于有 4 条全自动生产线全力生产 P4 产品，C 公司在本地、区域、国内和亚洲 4 个有 P4 产品需求的市场上，均以 3M 广告费实现了重复选单，C 公司 P4 产品席卷了各个市场，并进行了 P1 产品向国际市场的转移。由于其 P1 产品的储备和保留的产能，在国际市场实现了 P1 产品的多次选单，抢占了国际市场的老大地位。第六年发展更是锦上添花。由于国际市场 P1 产品的利润率很高，其余各市场 P4 产品的利润率也很可观，C 公司的权益大幅攀升。最终，C 公司用 3 年的时间实现了大逆转，赢得了竞赛。

2）我们倾向何种产品和何种市场？

在资源有限的约束条件下，在很多情况下，放弃比不计代价的掠取更明智。你不可能全面开花、面面俱到，因此要选取你的重点市场和重点产品。

例如，A 公司第一年在本地市场投放了 8M 广告费，夺得了市场老大的地位，早早地确立了自己的“主战场”。由于本地市场是综合需求量最大的一个市场，于是，A 公司在随后的发展过程中，变卖了手工生产线，在大厂房里新置了 5 条全自动生产线，开发了 P2、P3 产品，跳过区域市场，又开发了国内和亚洲市场，实现了产能与市场之间的平衡，持续稳健发展。在企业融资和广告费等方面节约了大量成本，健康发展到第六年，最终取得了第一的成绩。

又如，F 公司第一年以 5M 的平均广告费投入获得了平均销量。第二年研发了 P2 产品，投资了 2 条 P2 产品全自动生产线，并开发了全部市场。第三年开发了 P3 产品，变卖了 2 条手工生产线，新建了 2 条 P3 产品全自动生产线。第四年开始大规模销售 P2、P3 产品，并取得了亚洲市场老大地位。然而，此时市场由于各公司均大量生产 P2、P3 产品而趋于饱和，广告费竞争也非常激烈，于是，F 公司在这一年决定开辟新的蓝海——研发 P4 产品。F 公司从第五年开始低成本销售 P4 产品，同时放弃一些利润率低的产品市场。6 年经营结束，F 公司凭借这种始终灵活转变的策略，最终赢得了竞赛的胜利。

放弃也是一种美。有时放弃比占有更重要。打完江山后，我们自然会想到保江山。这句话本身无可厚非，但值得我们注意的是，我们要保有价值的江山。对于那些竞争激烈、利润空间小的市场要敢于放弃，依据自己的产品组合和竞争状况寻找新的市场，不断地“丢芝麻，捡西瓜”。

3）我们计划怎样拓展生产设施和生产能力？

生产线是产品加工的载体。本沙盘由手工、半自动、全自动和柔性 4 种生产线。不同的生产线，购置价格、生产效率、折旧费用以及转产的灵活性都各不相同，因此生产总监应会同财务总监、营销总监和 CEO 依据本公司的发展经营战略和财务状况选择恰当的时机投资恰当的生产线。具体来说，为了有效扩大生产能力，你将需要思考并回答：购置什么样的生产线，什么时候购买和购买多少？为此，需要考虑以下几方面因素：

（1）生产线的安装周期。如果计划在第二年 1Q 生产 P1 产品，则应在第一年 1Q 开始投资建设柔性生产线，或在第二年 2Q 开始投资建设全自动生产线。

（2）产品研发周期。如 P3 和 P4 产品研发周期需要 6Q，为避免生产线闲置，可将

P3 产品全自动生产线调整在第一年 4Q 开始投资。第二年 2Q，生产线安装和产品研发同时完成，3Q 开始生产。

（3）生产线的折旧。生产线的折旧影响公司的权益，而权益又决定了公司的融资规模的大小和是否破产等，因此生产线的折旧直接影响着公司的财务状况。由于当年建成的生产线，当年不提折旧，所以应考虑生产线的建成时机，尽量增加新生产线建成当年的使用时间，特别是在财务状况紧张的时候。

（4）生产线的种类组合需要考虑产品研发的种类及市场开拓的情况。一般来讲，如果采取积极扩张的战略，则倾向于全自动和柔性生产线；如果采取稳健发展的策略，则可考虑半自动和全自动生产线，并控制生产线的数量。

在实际操作中，柔性生产线是一把“双刃剑”，它的优点在于可以灵活、快速地调整企业的产品生产组合，方便营销总监接取订单。然而，缺点亦在其中，首先是其投资成本较高和折旧费用较大；其次是柔性生产线的存在对于原材料的采购、生产的组织等产生了一定的影响。因此，生产线组合及安装的前提是，制定合理、详细的企业发展战略，在此框架指导下，做好企业的现金预算分析，才能保证生产线选择的合理性。

4）我们计划采用怎样的融资策略？

现金流是企业生存的命脉，企业失去现金流将意味着企业的倒闭破产。融资的方式有很多：长期贷款、短期贷款、应收款贴现、出售厂房和设备等，还有高利贷（但高利贷方式应尽量避免使用）。每种融资方式的特点和适用性都有所不同，要根据企业的发展规划，做好融资计划，以保证企业的正常运转，切不可因小利而影响到整个规划的实施。

值得注意的是，融资手段不应过于单一，而应是多种融资手段的最佳组合。如何巧妙处理各种融资手段之间的关系，以最低的成本获取最合适的融资是财务总监的重要职责。例如，长短期贷款是公司的主要融资手段。长期贷款的费用成本高于短期贷款，但还款压力较小；短期贷款的利息成本较低，但短期的还款压力较大，尤其是在前期，公司的权益可能下降较大，影响公司的贷款能力。因此，需要对企业的经营战略、运营状况做一个长期的、细致的分析，才能正确把握贷款时机并合理调整长短贷之间的比例关系，在满足现金需求的情况下，使总的费用成本降到最低。

资金贴现是企业为缓解暂时性资金紧张而采取的融资方式，其前提是要有应收款。在实际操作中，应注意贴现的比例，一般来讲，应首先考虑贴现账期较长的应收款。

高利贷是费用成本最高的一种融资方式，对公司的权益损失较大，使公司财务状况进一步恶化，因此一般不提倡使用，要尽量考虑其他的融资方式和途径。只有在迫不得已的情况下，才考虑此种融资方式。

在开始实际操作前，每个管理团队都应对上述问题进行深入探讨并达成共识。每一年经营下来，需要反思我们的行为，聆听指导教师根据现场数据所做的点评，分析实际与计划的偏差及其原因，并对战略做出必要的修正。

2.0.3 关于团队协作

本次实训虽然说是模拟企业6年的经营，但在盘面上运作只有短短3天的时间。作为一个临时组成的管理团队，能否尽量缩短磨合时间，立即进入角色，并且在CEO的统一指挥下，各司其职，协调有效地运作非常重要。这就要求受训者既要积极向前，又要听从指挥；既要勇挑重担，又不厚此薄彼；既要各抒己见，又要彼此尊重。这样才能既发挥大家的作用，又不至于互不服气、各行其是，影响企业的经营运作。

在实训中，经常有企业不能平账。这里有些是因为财务总监不会做账，但有很多情况是因为各角色没有严格按照企业运营流程去运作，各自为政，致使账目混乱不清，更有甚者拿着沙盘用具玩，致使账实不符。还有一些情况是营销总监与生产总监沟通不够，要么出现大量库存，要么是订单接了却生产不出来。

另外一个值得注意的问题就是不能搞一团和气、没有原则的团结。如一个公司的财务3年都不能平账，运行到第三年了连利润留存还搞不懂，也不换人，严重影响了企业的运营，也影响了竞赛的进程。这不是真正的团结，更谈不上团队协作。让合适的人做合适的事，这是基本的准则。

请认真思索并记录以下问题：

我们的发展战略（CEO带领管理团队共同决定）：

1）我们想成为什么样的公司？企业的经营目标和宗旨是什么？（文字描述及具体数字，如销售收入目标、利润目标等）

2）我们倾向于何种产品、何种市场？准备何时实现？

	本 地	区 域	国 内	亚 洲	国 际
P1	现在的位置				
P2					
P3					
P4					

3）我们想发展到多大的产能？建什么样的生产线？准备何时实现？

	目　前	第一年	第二年	第三年	第四年	第五年	第六年
手工	3						
半自动	1						
全自动							
柔性							

4）我们想什么时候融资、融什么资、融多少资？

	目　前	第一年	第二年	第三年	第四年	第五年	第六年
长期	40M						
短期							

注意：高利贷是不得已的选择，原则上建议不轻易采用。应收款贴现要根据实际财务状况和应收款情况而定，很难预先设定。

各角色应根据上述企业战略规划，思索如何有效贯彻执行，并确定执行细节。

说明与提示（每个角色要认真阅读并思考以下相关角色的提示）：

（1）CEO 首先要重点关注整体战略是否有偏差，并适时带领团队成员做出必要的调整；同时，控制企业严格按照流程执行各项工作。CEO 助理协助 CEO 工作，受 CEO 委托可以具体负责某些工作。

（2）COO（如设）监督企业按流程运营，或受 CEO 委托控制企业按流程执行各项工作以使 CEO 腾出时间和精力集中研究企业发展战略的问题。

（3）CFO 首先应该考虑的是现金流的问题，既要保证企业发展战略实施所需要资金的充足供应，同时，又不要使资金过多滞留，造成浪费。因此，CFO 要认真制订具体的融资计划和资金使用计划，同时，负责组织做好财务收支、记账、生产线折旧、维护费提取等工作。CFO 助理或责任会计在 CFO 的领导下具体做好现金收支、记账和制作财务报表等工作。

（4）营销总监首先要根据企业战略在与生产总监协调的基础上，制订具体的营销计划，包括生产和销售什么商品、生产和销售多少、通过什么渠道销售、计划在什么地区销售、各地区比例如何、是否考虑促销活动等。重点考虑好广告投放和争取订单的问题。同时，组织做好市场开拓投资、ISO 认证投资、产品交货收款、市场信息收集等工作。营销总监助理协助营销总监工作。

（5）生产总监首先要根据企业发展战略的整体要求，在与营销总监、财务总监沟通的基础上，制订具体的产品开发计划、生产计划和设备投资与改造计划，确定新产品的研发进程、新设备用于生产何种产品、设备安装地点、所需资金来源、设备上线的具体时间、所需物料储备，以及生产什么、生产多少和何时生产等。生产总监助理协助生产总监工作，受生产总监委托可以具体负责某些工作，如执行具体生产任务等。

（6）采购总监要与生产总监密切配合，根据生产计划的进度要求，确定采购什么、采购多少与何时采购，保证按时、足量供应生产所需的原材料，要努力做到既不出现物料短缺，也不出现库存积压。采购总监助理协助采购总监具体执行采购任务。

（7）人力资源总监（如设）在 CEO 领导下，执行对团队成员的考核任务。因此，人力资源总监首先要清楚每个角色的任务，并确定考核的指标与方法，做好考核记录，提交 CEO 做最终决定。

（8）商业情报人员（如设）在营销总监领导下，做好商业情报收集工作，同时参与营销决策。为此，首先要掌握竞赛规则，清楚自己企业的情况，明确要收集哪些情报等。

确认我的角色：

我的角色是：______________________________

我的就职宣言：

开展我的工作（确定执行计划与执行细节）：

（不够可另加附页）

2.1　起始年运行

企业选定新的管理团队之后，原有管理层总要“扶上马，送一程”，因此在起始年里，新的管理团队仍受制于老的管理团队，企业的决策由老的团队定夺，新管理层只能执行。起始年的主要目的是新管理团队的磨合，以及进一步熟悉并掌握运营规则，明晰企业的运营流程。起始年运行在指导教师的控制下进行。

起始年运行说明：

不进行任何贷款：

（1）不投资新的生产线

（2）不进行产品研发

（3）不购买新厂房

（4）不开拓新市场

（5）不进行 ISO 认证

（6）每季度订购 1 批 R1 原料

（7）生产持续进行

模拟企业每年的运行流程（以财务用表为例）：

按流程逐步运行，并在沙盘盘面做相应操作。

新年度规划会议				
参加订货会/登记销售订单				
制订新年度计划				
支付应付税费				
季初现金盘点				
更新短贷/还本付息/获得新贷款				
更新应付款/归还应付款				
原材料入库/更新原料订单				
下原料订单				
更新生产/完工入库				
投资新生产线/变卖生产线/生产线转产				
向其他企业购买原材料/出售原材料				
开始下一批生产				
更新应收款/应收款收现				
出售厂房				
向其他企业购买成品/出售成品				
按订单交货				
产品研发投资				
支付行政管理费				
其他现金收支情况登记				
支付租金/购买厂房				
支付利息/更新长期贷款/申请长期贷款				
支付设备维护费				
计提折旧				
新市场开拓/ISO 认证投资				
结账				
现金收入合计				
现金支出合计				
期末现金对账				

销售会议完成后，请登记市场订单。

订单号	×××								
市场	本地								
产品	P1								
数量	6								
账期	2Q								
销售额									
成本									
毛利									
未售									

交货时填写

按企业运营流程逐步运行起始年后，结果如下所示（单位：百万元）：

新年度规划会议	★			
参加订货会/登记销售订单	1			
制订新年度计划	★			
支付应付税费	1			
季初现金盘点	18	14	10	22
更新短贷/还本付息/获得新贷款	★	★	★	★
更新应付款/归还应付款	×	×	×	×
原材料入库/更新原料订单	2	1	1	1
下原料订单	★	★	★	★
更新生产/完工入库	★	★	★	★
投资新生产线/变卖生产线/生产线转产	★	★	★	★
向其他企业购买原材料/出售原材料	×	×	×	×
开始下一批生产	1	2	1	2
更新应收款/应收款收现	★	★	15	32
出售厂房	×	×	×	×
向其他企业购买成品/出售成品	×	×	×	×

按订单交货	×	★	×	×
产品研发投资	×	×	×	×
支付行政管理费	1	1	1	1
其他现金收支情况登记	×	×	×	×
支付利息/更新长期贷款/申请长期贷款				4
支付设备维护费				4
支付租金/购买厂房				★
计提折旧				(4)
新市场开拓/ISO 认证投资				★
结账				★
现金收入合计	0	0	15	32
现金支出合计	4	4	3	12
期末现金对账	14	10	22	42

填写产品核算统计表（金额单位：百万元）：

	P1	P2	P3	P4	合计
数量	6	0	0	0	6
销售额	32	0	0	0	32
成本	12	0	0	0	12
毛利	20	0	0	0	20

填写费用明细表（单位：百万元）：

项　目	金　额	备　注
管理费	4	
广告费	1	
设备维护费	4	
租金		
转产费		
市场准入开拓		□本地　□区域　□国内　□亚洲　□国际
ISO 资格认证		□ISO 9000　□ISO 14000
产品研发		P2（　）　P3（　）　P4（　）
其他		
合计	9	

编制起始年财务报表：

简易利润表　单位：百万元　　　**简易资产负债表**　单位：百万元

项　目		上年	本年	资　产		年初	本年	负债＋权益		年初	本年
销售收入	+	35	32	现金	+	20	42	长期负债	+	40	40
直接成本	−	12	12	应收账款	+	15	0	短期负债	+	0	0
毛利	=	23	20	在制品	+	8	8	应付账款	+	0	0
综合费用	−	11	9	成品	+	6	6	应交税费	+	1	1
折旧前利润	=	12	11	原料	+	3	2	一年到期的长贷	+		
折旧	−	4	4	**流动资产合计**	=	52	58	**负债合计**	=	41	41
支付利息前利润	=	8	7	固定资产				权益			
财务收入/支出	+/−	4	4	土地和建筑	+	40	40	股本	+	50	50
额外收入/支出	+/−			机器设备	+	13	9	利润留存	+	11	14
税前利润	=	4	3	在建工程	+			年度净利	+	3	2
所得税	−	1	1	**固定资产合计**	=	53	49	**所有者权益合计**	=	64	66
净利润	=	3	2	**总资产**	=	105	107	**负债＋权益**	=	105	107

2.2 典型策略介绍

俗话说：“凡事预则立，不预则废。”“未曾画竹，而已成竹在胸！”同样，进行ERP企业经营沙盘模拟实训前，也要有一整套策略，方能使你的团队临危不乱，镇定自若，在变幻莫测的比赛中笑到最后。下面介绍3种典型的整体策略和3个实训实例。

【策略介绍 1】　　　　　**力压群雄——霸王策略**

策略介绍：

在一开始即大举贷款，所筹到的大量资金用于扩大产能，保证产能第一，以高广告投入策略夺取本地市场老大，并随着产品开发的节奏，实现由 P1 产品向 P2、P3 等主流产品的过渡。在竞争中，始终保持主流产品和综合销售额第一。后期用高广告投入策略争取主导产品最高价市场的老大地位，使权益最高，令对手望尘莫及，赢得比赛。

运作要点：

运作好此策略的关键有两点：一是资本运作，有效使用长短期融资手段，使自己有充足的资金用于扩大产能和维持高额的广告费用，并能抵御强大的还款压力，使资金运转正常，所以此策略对财务总监要求很高。二是精确地预测产能和生产成本，有效地预估市场产品需求和订单结构。如何安排产能扩大的节奏，如何实现“零库存”，如何进行产品组合与市场开发，这些将决定最终的成败。

评述：

采取霸王策略的团队，需要有相当的魄力，得像当年的霸王项羽那样，敢于气吞山河、破釜沉舟，谨小慎微者不宜采用。此策略的隐患在于，如果资金或广告在某一环节出现失误，则会使自己陷入十分艰难的处境。过大的还款压力和贷款费用，可能将自己逼上破产的境地，就像霸王乌江自刎那样。所以，此策略的风险很高，属于高投入、高产出，但高投入并不一定会高产出。

【策略介绍 2】　　　　　**忍辱负重——越王策略**

策略介绍：

越王策略也可称为迂回策略。采取此策略者通常有很大的产能潜力，但由于前期广告运作失误，导致订单过少、销售额过低、产品大量积压、权益大幅下降，处于劣势地位。所以，在第二、第三年只能维持生计，延缓产品开发计划，或只进行 P2 产品的开发，积攒力量，度过危险期。在第四年时，突然推出 P3 或 P4 产品，配以精确广告策略，出其不意地攻占对手的薄弱市场。在对手忙于应付时，把 P3 或 P4 产品的最高价市场把持在手，并抓住不放，不给对手以机会，最终赢得胜利。

运作要点：

此策略制胜的关键在于后期广告运作和现金测算上。因为要采取精确广告策略，所以一定要仔细分析对手的情况，找到他们在市场中的薄弱环节，以最小的代价夺得市场，减少成本。其次是现金预测，因为要出奇兵（P3 或 P4 产品），但这些产品对现金要求很高，所以现金预测必须准确。如果到时现金断流，完不成订单，那将前功尽弃。

评述：

越王策略，不是一种主动的策略，多半是在不利的情况下采取的，所以团队成员要有很强的忍耐力与决断力，不为眼前一时的困境所压倒，并学会“好钢用在刀刃上”，节约开支，降低成本，先图生存，再图胜出。

【策略介绍 3】　　　　　**见风使舵——渔翁策略**

策略介绍：

渔翁策略是典型的跟随策略。当市场上有两大实力相当的企业争夺第一时，渔翁策略就派上用场了。首先，在产能上要努力跟随前两者的开发节奏，同时在内部努力降低成本，在每次新市场开辟时均采用低广告策略，规避风险，稳健经营，在其两败俱伤时立即占领市场。

运作要点：

此策略的关键有两点：第一，在于一个“稳”字，即经营过程中一切按部就班，广告投入、产能扩大都是循序渐进，逐步实现，真正做到稳扎稳打。第二，要利用好时机，因为时机是稍纵即逝的，对对手一定要仔细分析。

评述：

渔翁策略在比赛中是常见的，但要实施成功一定要做好充分准备，只有这样，才能在机会来临时，一下抓住，从而使对手无法超越。

【实例介绍 1】 **产能领先制胜法**

想产能领先别人，就要扩大生产能力，投资新的生产线。为缩短生产周期就要变卖原有的手工生产线，转而投资全自动或柔性生产线。

B 公司在第一年 3 条手工生产线上的 P1 产品完工入库后陆续变卖，在大厂房内新投资建设了 4 条全自动生产线，而其他各组则在第一年的生产线投资上显得有些保守。因此，B 公司在第二年便建立了产能优势，并利用产能抢市场，投少的广告费接别人因产能不足不敢接的大单，再建新的生产线，如此形成了良性循环。第三年，在大厂房又建立 1 条全自动生产线，并租下小厂房投建了 4 条全自动生产线。到第四年，形成了 9 条全自动生产线的产能格局。最终，依靠产能优势取得了胜利。

【实例介绍 2】 **保权益胜出法**

E 公司在前两年默默无闻，只投了少量的广告费用以销售必要的 P1 产品，没有发展的迹象，但维持了很高的权益。就在人们感叹其发展前景时，E 公司却在第三年，当别的公司出现权益严重下降，融资困难，陷入发展瓶颈时，利用自己的权益优势获得了大量的短期融资，开发了 P2、P3、P4 产品，变卖了原有的生产线并投资建成了 6 条全自动生产线。在第四年，别的企业步履维艰时，一举收复失地。第五年更是锦上添花，利用产品组合优势，扩大产能，直至第六年胜出。

【实例介绍 3】 **柔性调节胜出法**

柔性生产线由于其投资费用、折旧费用高而不被“行家”所看好。但 D 公司一上来就斥巨资投建了 4 条柔性生产线，并把这 4 条柔性生产线打造成自己的核心竞争力。灵活调节生产，灵活广告投放和接单，使自己在各方面有了更多的余地，既迷惑了对手，也节省了广告费，即用非常少的广告费接到了非常合适的订单，因为有些大单对手不敢接，生产不出来，最终赢得了比赛。但此法对生产的组织要求较高，极易出现原材料短缺或积压的情况。

条条大路通罗马。我们要用开阔的视野审视战略，创新的头脑制定战略，严谨的态度执行战略，最后的成功自然水到渠成。

2.3　企业经营过程控制/监督表（首席执行官/首席运营官）

操　作　记　录

企业经营过程控制/监督表

________公司首席执行官（CEO）/首席运营官（COO）

起　始　年

企业经营流程 请按顺序执行下列各项操作	指导教师代替 CEO 控制团队成员运行起始年，CEO/COO 在团队成员完成每一项操作后，在相应的方格内画钩			
新年度规划会议				
参加订货会/登记销售订单				
制订新年度计划				
支付应付税费				
季初现金盘点（请填余额）				
更新短期贷款/还本付息/申请短期贷款（高利贷）				
更新应付款/归还应付款				
原材料入库/更新原料订单				
下原料订单				
更新生产/完工入库				
投资新生产线/变卖生产线/生产线转产				
向其他企业购买原材料/出售原材料				
开始下一批生产				
更新应收款/应收款收现				
出售厂房				
向其他企业购买成品/出售成品				
按订单交货				
产品研发投资				
支付行政管理费				
其他现金收支情况登记				
支付租金/购买厂房				
支付利息/更新长期贷款/申请长期贷款				
支付设备维护费				
计提折旧				（ ）
新市场开拓/ISO 资格认证投资				
现金收入合计				
现金支出合计				
期末现金对账（请填余额）				
结账				

第 一 年

企业经营流程 请按顺序执行下列各项操作	CEO 控制团队成员具体执行每一项操作，并在团队成员完成每一项操作后，在相应的方格内画钩。COO 监督执行			
新年度规划会议				
参加订货会/登记销售订单				
制订新年度计划				
支付应付税费				
季初现金盘点（请填余额）				
更新短期贷款/还本付息/申请短期贷款（高利贷）				
更新应付款/归还应付款				
原材料入库/更新原料订单				
下原料订单				
更新生产/完工入库				
投资新生产线/变卖生产线/生产线转产				
向其他企业购买原材料/出售原材料				
开始下一批生产				
更新应收款/应收款收现				
出售厂房				
向其他企业购买成品/出售成品				
按订单交货				
产品研发投资				
支付行政管理费				
其他现金收支情况登记				
支付租金/购买厂房				
支付利息/更新长期贷款/申请长期贷款				
支付设备维护费				
计提折旧				（ ）
新市场开拓/ISO 资格认证投资				
现金收入合计				
现金支出合计				
期末现金对账（请填余额）				
结账				

第 二 年

企业经营流程 请按顺序执行下列各项操作	CEO 控制团队成员具体执行每一项操作，并在团队成员完成每一项操作后，在相应的方格内画钩。COO 监督执行			
新年度规划会议				
参加订货会/登记销售订单				
制订新年度计划				
支付应付税费				
季初现金盘点（请填余额）				
更新短期贷款/还本付息/申请短期贷款（高利贷）				
更新应付款/归还应付款				
原材料入库/更新原料订单				
下原料订单				
更新生产/完工入库				
投资新生产线/变卖生产线/生产线转产				
向其他企业购买原材料/出售原材料				
开始下一批生产				
更新应收款/应收款收现				
出售厂房				
向其他企业购买成品/出售成品				
按订单交货				
产品研发投资				
支付行政管理费				
其他现金收支情况登记				
支付租金/购买厂房				
支付利息/更新长期贷款/申请长期贷款				
支付设备维护费				
计提折旧				（　）
新市场开拓/ISO 资格认证投资				
现金收入合计				
现金支出合计				
期末现金对账（请填余额）				
结账				

第 三 年

企业经营流程 请按顺序执行下列各项操作	CEO 控制团队成员具体执行每一项操作，并在团队成员完成每一项操作后，在相应的方格内画钩。COO 监督执行			
新年度规划会议				
参加订货会/登记销售订单				
制订新年度计划				
支付应付税费				
季初现金盘点（请填余额）				
更新短期贷款/还本付息/申请短期贷款（高利贷）				
更新应付款/归还应付款				
原材料入库/更新原料订单				
下原料订单				
更新生产/完工入库				
投资新生产线/变卖生产线/生产线转产				
向其他企业购买原材料/出售原材料				
开始下一批生产				
更新应收款/应收款收现				
出售厂房				
向其他企业购买成品/出售成品				
按订单交货				
产品研发投资				
支付行政管理费				
其他现金收支情况登记				
支付租金/购买厂房				
支付利息/更新长期贷款/申请长期贷款				
支付设备维护费				
计提折旧				（ ）
新市场开拓/ISO 资格认证投资				
现金收入合计				
现金支出合计				
期末现金对账（请填余额）				
结账				

第 四 年

企业经营流程 请按顺序执行下列各项操作	CEO 控制团队成员具体执行每一项操作，并在团队成员完成每一项操作后，在相应的方格内画钩。COO 监督执行			
新年度规划会议				
参加订货会/登记销售订单				
制订新年度计划				
支付应付税费				
季初现金盘点（请填余额）				
更新短期贷款/还本付息/申请短期贷款（高利贷）				
更新应付款/归还应付款				
原材料入库/更新原料订单				
下原料订单				
更新生产/完工入库				
投资新生产线/变卖生产线/生产线转产				
向其他企业购买原材料/出售原材料				
开始下一批生产				
更新应收款/应收款收现				
出售厂房				
向其他企业购买成品/出售成品				
按订单交货				
产品研发投资				
支付行政管理费				
其他现金收支情况登记				
支付租金/购买厂房				
支付利息/更新长期贷款/申请长期贷款				
支付设备维护费				
计提折旧				（ ）
新市场开拓/ISO 资格认证投资				
现金收入合计				
现金支出合计				
期末现金对账（请填余额）				
结账				

第　五　年

企业经营流程 请按顺序执行下列各项操作	CEO 控制团队成员具体执行每一项操作，并在团队成员完成每一项操作后，在相应的方格内画钩。COO 监督执行			
新年度规划会议				
参加订货会/登记销售订单				
制订新年度计划				
支付应付税费				
季初现金盘点（请填余额）				
更新短期贷款/还本付息/申请短期贷款（高利贷）				
更新应付款/归还应付款				
原材料入库/更新原料订单				
下原料订单				
更新生产/完工入库				
投资新生产线/变卖生产线/生产线转产				
向其他企业购买原材料/出售原材料				
开始下一批生产				
更新应收款/应收款收现				
出售厂房				
向其他企业购买成品/出售成品				
按订单交货				
产品研发投资				
支付行政管理费				
其他现金收支情况登记				
支付租金/购买厂房				
支付利息/更新长期贷款/申请长期贷款				
支付设备维护费				
计提折旧				（　）
新市场开拓/ISO 资格认证投资				
现金收入合计				
现金支出合计				
期末现金对账（请填余额）				
结账				

第 六 年

企业经营流程 请按顺序执行下列各项操作	CEO 控制团队成员具体执行每一项操作，并在团队成员完成每一项操作后，在相应的方格内画钩。COO 监督执行			
新年度规划会议				
参加订货会/登记销售订单				
制订新年度计划				
支付应付税费				
季初现金盘点（请填余额）				
更新短期贷款/还本付息/申请短期贷款（高利贷）				
更新应付款/归还应付款				
原材料入库/更新原料订单				
下原料订单				
更新生产/完工入库				
投资新生产线/变卖生产线/生产线转产				
向其他企业购买原材料/出售原材料				
开始下一批生产				
更新应收款/应收款收现				
出售厂房				
向其他企业购买成品/出售成品				
按订单交货				
产品研发投资				
支付行政管理费				
其他现金收支情况登记				
支付租金/购买厂房				
支付利息/更新长期贷款/申请长期贷款				
支付设备维护费				
计提折旧				（ ）
新市场开拓/ISO 资格认证投资				
现金收入合计				
现金支出合计				
期末现金对账（请填余额）				
结账				

2.4　企业经营过程记录表（财务总监）

操　作　记　录

企业经营过程记录表

________公司财务总监（CFO）

起 始 年

企业经营流程 请按顺序执行下列各项操作	每执行完一项操作，财务总监（或助理）在相应方格内画钩或叉，只在涉及现金收支的方格中填写现金收支的具体数字			
新年度规划会议				
参加订货会/登记销售订单				
制订新年度计划				
支付应付税费				
季初现金盘点（请填余额）				
更新短期贷款/还本付息/申请短期贷款（高利贷）				
更新应付款/归还应付款				
原材料入库/更新原料订单				
下原料订单				
更新生产/完工入库				
投资新生产线/变卖生产线/生产线转产				
向其他企业购买原材料/出售原材料				
开始下一批生产				
更新应收款/应收款收现				
出售厂房				
向其他企业购买成品/出售成品				
按订单交货				
产品研发投资				
支付行政管理费				
其他现金收支情况登记				
支付租金/购买厂房				
支付利息/更新长期贷款/申请长期贷款				
支付设备维护费				
计提折旧				（　）
新市场开拓/ISO 资格认证投资				
现金收入合计				
现金支出合计				
期末现金对账（请填余额）				
结账				

订单登记表

订单号											合计
市场											
产品											
数量											
账期											
销售额											
成本											
毛利											
未售											

产品核算统计表 金额单位：百万元

	P1	P2	P3	P4	合 计
数量					
销售额					
成本					
毛利					

综合管理费用明细表 单位：百万元

项 目	金 额	备 注
管理费		
广告费		
设备维护费		
租 金		
转产费		
市场准入开拓		□本地 □区域 □国内 □亚洲 □国际
ISO 资格认证		□ISO 9000 □ISO 14000
产品研发		P2（ ） P3（ ） P4（ ）
其 他		
合 计		

简易利润表 单位：百万元

项　目	上年数	本年数
销售收入	35	
直接成本	12	
毛利	23	
综合费用	11	
折旧前利润	12	
折旧	4	
支付利息前利润	8	
财务收入/支出	4	
其他收入/支出		
税前利润	4	
所得税	1	
净利润	3	

简易资产负债表 单位：百万元

资　产	期初数	期末数	负债和所有者权益	期初数	期末数
流动资产：			负债：		
现金	20		长期负债	40	
应收账款	15		短期负债		
在制品	8		应付账款		
成品	6		应交税费	1	
原料	3		一年内到期的长贷		
流动资产合计	52		负债合计	41	
固定资产：			所有者权益：		
土地和建筑	40		股本	50	
机器与设备	13		利润留存	11	
在建工程			年度净利	3	
固定资产合计	53		所有者权益合计	64	
资产总计	105		负债和所有者权益总计	105	

第　一　年

企业经营流程 请按顺序执行下列各项操作	**每执行完一项操作，财务总监（或助理）在相应方格内画钩或叉，只在涉及现金收支的方格中填写现金收支的具体数字**			
新年度规划会议				
参加订货会/登记销售订单				
制订新年度计划				
支付应付税费				
季初现金盘点（请填余额）				
更新短期贷款/还本付息/申请短期贷款（高利贷）				
更新应付款/归还应付款				
原材料入库/更新原料订单				
下原料订单				
更新生产/完工入库				
投资新生产线/变卖生产线/生产线转产				
向其他企业购买原材料/出售原材料				
开始下一批生产				
更新应收款/应收款收现				
出售厂房				
向其他企业购买成品/出售成品				
按订单交货				
产品研发投资				
支付行政管理费				
其他现金收支情况登记				
支付租金/购买厂房				
支付利息/更新长期贷款/申请长期贷款				
支付设备维护费				
计提折旧				（　）
新市场开拓/ISO 资格认证投资				
现金收入合计				
现金支出合计				
期末现金对账（请填余额）				
结账				

现金预算表　　单位：百万元

	1Q	2Q	3Q	4Q
期初库存现金				
支付上年应交税费				
市场广告投入				
贴现费用				
利息（短期贷款）				
支付到期短期贷款				
原料采购支付现金				
转产费用				
生产线投资				
工人工资				
产品研发投资				
收到现金前的所有支出				
应收款到期				
支付管理费用				
租金				
购买新建筑				
利息（长期贷款）				
支付到期长期贷款				
设备维护费用				
市场开拓投资				
ISO 认证投资				
其他				
库存现金余额				

要点记录

第一季度：______

第二季度：______

第三季度：______

第四季度：______

年底小结：______

______

订单登记表

订单号											合计
市场											
产品											
数量											
账期											
销售额											
成本											
毛利											
未售											

产品核算统计表

金额单位：百万元

	P1	P2	P3	P4	合 计
数量					
销售额					
成本					
毛利					

综合管理费用明细表

单位：百万元

项 目	金 额	备 注
管理费		
广告费		
设备维护费		
租 金		
转产费		
市场准入开拓		□本地 □区域 □国内 □亚洲 □国际
ISO 资格认证		□ISO 9000 □ISO 14000
产品研发		P2（ ） P3（ ） P4（ ）
其 他		
合 计		

简易利润表　　　　单位：百万元

项　目	上年数	本年数
销售收入		
直接成本		
毛利		
综合费用		
折旧前利润		
折旧		
支付利息前利润		
财务收入/支出		
其他收入/支出		
税前利润		
所得税		
净利润		

简易资产负债表　　　　单位：百万元

资　产	期初数	期末数	负债和所有者权益	期初数	期末数
流动资产：			负债：		
现金			长期负债		
应收账款			短期负债		
在制品			应付账款		
成品			应交税费		
原料			一年内到期的长贷		
流动资产合计			负债合计		
固定资产：			所有者权益：		
土地和建筑			股本		
机器与设备			利润留存		
在建工程			年度净利		
固定资产合计			所有者权益合计		
资产总计			负债和所有者权益总计		

第 二 年

企业经营流程 请按顺序执行下列各项操作	**每执行完一项操作，财务总监（或助理）在相应方格内画钩或叉，只在涉及现金收支的方格中填写现金收支的具体数字**			
新年度规划会议				
参加订货会/登记销售订单				
制订新年度计划				
支付应付税费				
季初现金盘点（请填余额）				
更新短期贷款/还本付息/申请短期贷款（高利贷）				
更新应付款/归还应付款				
原材料入库/更新原料订单				
下原料订单				
更新生产/完工入库				
投资新生产线/变卖生产线/生产线转产				
向其他企业购买原材料/出售原材料				
开始下一批生产				
更新应收款/应收款收现				
出售厂房				
向其他企业购买成品/出售成品				
按订单交货				
产品研发投资				
支付行政管理费				
其他现金收支情况登记				
支付租金/购买厂房				
支付利息/更新长期贷款/申请长期贷款				
支付设备维护费				
计提折旧				（ ）
新市场开拓/ISO 资格认证投资				
现金收入合计				
现金支出合计				
期末现金对账（请填余额）				
结账				

现金预算表

单位：百万元

	1Q	2Q	3Q	4Q
期初库存现金				
支付上年应交税费				
市场广告投入				
贴现费用				
利息（短期贷款）				
支付到期短期贷款				
原料采购支付现金				
转产费用				
生产线投资				
工人工资				
产品研发投资				
收到现金前的所有支出				
应收款到期				
支付管理费用				
租金				
购买新建筑				
利息（长期贷款）				
支付到期长期贷款				
设备维护费用				
市场开拓投资				
ISO 认证投资				
其他				
库存现金余额				

要点记录

第一季度：________________

第二季度：________________

第三季度：________________

第四季度：________________

年底小结：________________

____

订单登记表

订单号											合计
市场											
产品											
数量											
账期											
销售额											
成本											
毛利											
未售											

产品核算统计表

金额单位：百万元

	P1	P2	P3	P4	合　计
数量					
销售额					
成本					
毛利					

综合管理费用明细表

单位：百万元

项　目	金　额	备　注
管理费		
广告费		
设备维护费		
租　金		
转产费		
市场准入开拓		□本地　□区域　□国内　□亚洲　□国际
ISO资格认证		□ISO 9000　□ISO 14000
产品研发		P2（　）　P3（　）　P4（　）
其　他		
合　计		

简易利润表　　　　单位：百万元

项　目	上年数	本年数
销售收入		
直接成本		
毛利		
综合费用		
折旧前利润		
折旧		
支付利息前利润		
财务收入/支出		
其他收入/支出		
税前利润		
所得税		
净利润		

简易资产负债表　　　　单位：百万元

资　产	期初数	期末数	负债和所有者权益	期初数	期末数
流动资产：			负债：		
现金			长期负债		
应收账款			短期负债		
在制品			应付账款		
成品			应交税费		
原料			一年内到期的长贷		
流动资产合计			负债合计		
固定资产：			所有者权益：		
土地和建筑			股本		
机器与设备			利润留存		
在建工程			年度净利		
固定资产合计			所有者权益合计		
资产总计			负债和所有者权益总计		

第 三 年

企业经营流程 请按顺序执行下列各项操作	每执行完一项操作，财务总监（或助理）在相应方格内画钩或叉，只在涉及现金收支的方格中填写现金收支的具体数字			
新年度规划会议				
参加订货会/登记销售订单				
制订新年度计划				
支付应付税费				
季初现金盘点（请填余额）				
更新短期贷款/还本付息/申请短期贷款（高利贷）				
更新应付款/归还应付款				
原材料入库/更新原料订单				
下原料订单				
更新生产/完工入库				
投资新生产线/变卖生产线/生产线转产				
向其他企业购买原材料/出售原材料				
开始下一批生产				
更新应收款/应收款收现				
出售厂房				
向其他企业购买成品/出售成品				
按订单交货				
产品研发投资				
支付行政管理费				
其他现金收支情况登记				
支付租金/购买厂房				
支付利息/更新长期贷款/申请长期贷款				
支付设备维护费				
计提折旧				（ ）
新市场开拓/ISO资格认证投资				
现金收入合计				
现金支出合计				
期末现金对账（请填余额）				
结账				

现金预算表　　单位：百万元

	1Q	2Q	3Q	4Q
期初库存现金				
支付上年应交税费				
市场广告投入				
贴现费用				
利息（短期贷款）				
支付到期短期贷款				
原料采购支付现金				
转产费用				
生产线投资				
工人工资				
产品研发投资				
收到现金前的所有支出				
应收款到期				
支付管理费用				
租金				
购买新建筑				
利息（长期贷款）				
支付到期长期贷款				
设备维护费用				
市场开拓投资				
ISO 认证投资				
其他				
库存现金余额				

要点记录

第一季度：________________________

第二季度：________________________

第三季度：________________________

第四季度：________________________

年底小结：________________________

____

订单登记表

订单号											合计
市场											
产品											
数量											
账期											
销售额											
成本											
毛利											
未售											

产品核算统计表

金额单位：百万元

	P1	P2	P3	P4	合　计
数量					
销售额					
成本					
毛利					

综合管理费用明细表

单位：百万元

项　目	金　额	备　注
管理费		
广告费		
设备维护费		
租　金		
转产费		
市场准入开拓		□本地　□区域　□国内　□亚洲　□国际
ISO 资格认证		□ISO 9000　□ISO 14000
产品研发		P2（　）　P3（　）　P4（　）
其　他		
合　计		

简易利润表　　单位：百万元

项　目	上年数	本年数
销售收入		
直接成本		
毛利		
综合费用		
折旧前利润		
折旧		
支付利息前利润		
财务收入/支出		
其他收入/支出		
税前利润		
所得税		
净利润		

简易资产负债表　　单位：百万元

资　产	期初数	期末数	负债和所有者权益	期初数	期末数
流动资产：			负债：		
现金			长期负债		
应收账款			短期负债		
在制品			应付账款		
成品			应交税费		
原料			一年内到期的长贷		
流动资产合计			负债合计		
固定资产：			所有者权益：		
土地和建筑			股本		
机器与设备			利润留存		
在建工程			年度净利		
固定资产合计			所有者权益合计		
资产总计			负债和所有者权益总计		

第 四 年

企业经营流程 请按顺序执行下列各项操作	每执行完一项操作，财务总监（或助理）在相应方格内画钩或叉，只在涉及现金收支的方格中填写现金收支的具体数字			
新年度规划会议				
参加订货会/登记销售订单				
制订新年度计划				
支付应付税费				
季初现金盘点（请填余额）				
更新短期贷款/还本付息/申请短期贷款（高利贷）				
更新应付款/归还应付款				
原材料入库/更新原料订单				
下原料订单				
更新生产/完工入库				
投资新生产线/变卖生产线/生产线转产				
向其他企业购买原材料/出售原材料				
开始下一批生产				
更新应收款/应收款收现				
出售厂房				
向其他企业购买成品/出售成品				
按订单交货				
产品研发投资				
支付行政管理费				
其他现金收支情况登记				
支付租金/购买厂房				
支付利息/更新长期贷款/申请长期贷款				
支付设备维护费				
计提折旧				（ ）
新市场开拓/ISO资格认证投资				
现金收入合计				
现金支出合计				
期末现金对账（请填余额）				
结账				

现金预算表 单位：百万元

	1Q	2Q	3Q	4Q
期初库存现金				
支付上年应交税费				
市场广告投入				
贴现费用				
利息（短期贷款）				
支付到期短期贷款				
原料采购支付现金				
转产费用				
生产线投资				
工人工资				
产品研发投资				
收到现金前的所有支出				
应收款到期				
支付管理费用				
租金				
购买新建筑				
利息（长期贷款）				
支付到期长期贷款				
设备维护费用				
市场开拓投资				
ISO 认证投资				
其他				
库存现金余额				

要点记录

第一季度：________________________________

第二季度：________________________________

第三季度：________________________________

第四季度：________________________________

年底小结：________________________________

____

订单登记表

订单号											合计
市场											
产品											
数量											
账期											
销售额											
成本											
毛利											
未售											

产品核算统计表

金额单位：百万元

	P1	P2	P3	P4	合 计
数量					
销售额					
成本					
毛利					

综合管理费用明细表

单位：百万元

项 目	金 额	备 注
管理费		
广告费		
设备维护费		
租 金		
转产费		
市场准入开拓		□本地 □区域 □国内 □亚洲 □国际
ISO资格认证		□ISO 9000 □ISO 14000
产品研发		P2（ ） P3（ ） P4（ ）
其 他		
合 计		

简易利润表

单位：百万元

项 目	上年数	本年数
销售收入		
直接成本		
毛利		
综合费用		
折旧前利润		
折旧		
支付利息前利润		
财务收入/支出		
其他收入/支出		
税前利润		
所得税		
净利润		

简易资产负债表

单位：百万元

资 产	期初数	期末数	负债和所有者权益	期初数	期末数
流动资产：			负债：		
现金			长期负债		
应收账款			短期负债		
在制品			应付账款		
成品			应交税费		
原料			一年内到期的长贷		
流动资产合计			负债合计		
固定资产：			所有者权益：		
土地和建筑			股本		
机器与设备			利润留存		
在建工程			年度净利		
固定资产合计			所有者权益合计		
资产总计			负债和所有者权益总计		

第 五 年

企业经营流程 请按顺序执行下列各项操作	每执行完一项操作，财务总监（或助理）在相应方格内画钩或叉，只在涉及现金收支的方格中填写现金收支的具体数字			
新年度规划会议				
参加订货会/登记销售订单				
制订新年度计划				
支付应付税费				
季初现金盘点（请填余额）				
更新短期贷款/还本付息/申请短期贷款（高利贷）				
更新应付款/归还应付款				
原材料入库/更新原料订单				
下原料订单				
更新生产/完工入库				
投资新生产线/变卖生产线/生产线转产				
向其他企业购买原材料/出售原材料				
开始下一批生产				
更新应收款/应收款收现				
出售厂房				
向其他企业购买成品/出售成品				
按订单交货				
产品研发投资				
支付行政管理费				
其他现金收支情况登记				
支付租金/购买厂房				
支付利息/更新长期贷款/申请长期贷款				
支付设备维护费				
计提折旧				（ ）
新市场开拓/ISO 资格认证投资				
现金收入合计				
现金支出合计				
期末现金对账（请填余额）				
结账				

现金预算表 单位：百万元

	1Q	2Q	3Q	4Q
期初库存现金				
支付上年应交税费				
市场广告投入				
贴现费用				
利息（短期贷款）				
支付到期短期贷款				
原料采购支付现金				
转产费用				
生产线投资				
工人工资				
产品研发投资				
收到现金前的所有支出				
应收款到期				
支付管理费用				
租金				
购买新建筑				
利息（长期贷款）				
支付到期长期贷款				
设备维护费用				
市场开拓投资				
ISO 认证投资				
其他				
库存现金余额				

要点记录

第一季度：____

第二季度：____

第三季度：____

第四季度：____

年底小结：____

____

订单登记表

订单号											合计
市场											
产品											
数量											
账期											
销售额											
成本											
毛利											
未售											

产品核算统计表

金额单位：百万元

	P1	P2	P3	P4	合　计
数量					
销售额					
成本					
毛利					

综合管理费用明细表

单位：百万元

项　目	金　额	备　注
管理费		
广告费		
设备维护费		
租　金		
转产费		
市场准入开拓		□本地　□区域　□国内　□亚洲　□国际
ISO 资格认证		□ISO 9000　□ISO 14000
产品研发		P2（　）　P3（　）　P4（　）
其　他		
合　计		

简易利润表

单位：百万元

项 目	上年数	本年数
销售收入		
直接成本		
毛利		
综合费用		
折旧前利润		
折旧		
支付利息前利润		
财务收入/支出		
其他收入/支出		
税前利润		
所得税		
净利润		

简易资产负债表

单位：百万元

资 产	期初数	期末数	负债和所有者权益	期初数	期末数
流动资产：			负债：		
现金			长期负债		
应收账款			短期负债		
在制品			应付账款		
成品			应交税费		
原料			一年内到期的长贷		
流动资产合计			负债合计		
固定资产：			所有者权益：		
土地和建筑			股本		
机器与设备			利润留存		
在建工程			年度净利		
固定资产合计			所有者权益合计		
资产总计			负债和所有者权益总计		

第 六 年

企业经营流程 请按顺序执行下列各项操作	每执行完一项操作，财务总监（或助理）在相应方格内画钩或叉，只在涉及现金收支的方格中填写现金收支的具体数字			
新年度规划会议				
参加订货会/登记销售订单				
制订新年度计划				
支付应付税费				
季初现金盘点（请填余额）				
更新短期贷款/还本付息/申请短期贷款（高利贷）				
更新应付款/归还应付款				
原材料入库/更新原料订单				
下原料订单				
更新生产/完工入库				
投资新生产线/变卖生产线/生产线转产				
向其他企业购买原材料/出售原材料				
开始下一批生产				
更新应收款/应收款收现				
出售厂房				
向其他企业购买成品/出售成品				
按订单交货				
产品研发投资				
支付行政管理费				
其他现金收支情况登记				
支付租金/购买厂房				
支付利息/更新长期贷款/申请长期贷款				
支付设备维护费				
计提折旧				（ ）
新市场开拓/ISO 资格认证投资				
现金收入合计				
现金支出合计				
期末现金对账（请填余额）				
结账				

现金预算表　　单位：百万元

	1Q	2Q	3Q	4Q
期初库存现金				
支付上年应交税费				
市场广告投入				
贴现费用				
利息（短期贷款）				
支付到期短期贷款				
原料采购支付现金				
转产费用				
生产线投资				
工人工资				
产品研发投资				
收到现金前的所有支出				
应收款到期				
支付管理费用				
租金				
购买新建筑				
利息（长期贷款）				
支付到期长期贷款				
设备维护费用				
市场开拓投资				
ISO 认证投资				
其他				
库存现金余额				

要点记录

第一季度：________________

第二季度：________________

第三季度：________________

第四季度：________________

年底小结：________________

____

订单登记表

订单号											合计
市场											
产品											
数量											
账期											
销售额											
成本											
毛利											
未售											

产品核算统计表

金额单位：百万元

	P1	P2	P3	P4	合　计
数量					
销售额					
成本					
毛利					

综合管理费用明细表

单位：百万元

项　目	金　额	备　注
管理费		
广告费		
设备维护费		
租　金		
转产费		
市场准入开拓		□本地　□区域　□国内　□亚洲　□国际
ISO 资格认证		□ISO 9000　□ISO 14000
产品研发		P2（　）　P3（　）　P4（　）
其　他		
合　计		

简易利润表　　　　单位：百万元

项　目	上年数	本年数
销售收入		
直接成本		
毛利		
综合费用		
折旧前利润		
折旧		
支付利息前利润		
财务收入/支出		
其他收入/支出		
税前利润		
所得税		
净利润		

简易资产负债表　　　　单位：百万元

资　产	期初数	期末数	负债和所有者权益	期初数	期末数
流动资产：			负债：		
现金			长期负债		
应收账款			短期负债		
在制品			应付账款		
成品			应交税费		
原料			一年内到期的长贷		
流动资产合计			负债合计		
固定资产：			所有者权益：		
土地和建筑			股本		
机器与设备			利润留存		
在建工程			年度净利		
固定资产合计			所有者权益合计		
资产总计			负债和所有者权益总计		

公司贷款申请表

		1年				2年				3年				4年				5年				6年			
		1	2	3	4	1	2	3	4	1	2	3	4	1	2	3	4	1	2	3	4	1	2	3	4
短贷	借																								
	还																								
高利贷	借																								
	还																								
短贷余额																									
监督员签字																									

长贷	借						
	还						
长贷余额							
上年权益							
监督员签字							

2.5　企业经营过程记录表（营销总监）

操　作　记　录

企业经营过程记录表

________公司营销总监

起　始　年

企业经营流程 请按顺序执行下列各项操作	每执行完一项相关操作，营销总监（或助理）在方格中填写产成品增减和销售情况															
新年度规划会议																
参加订货会/登记销售订单																
制订新年度计划																
支付应付税费																
	第一季度				第二季度				第三季度				第四季度			
产成品库存台账	P1	P2	P3	P4	P1	P2	P3	P4	P1	P2	P3	P4	P1	P2	P3	P4
期初产成品盘点（请填余额）																
更新短期贷款/还本付息/申请短期贷款（高利贷）																
更新应付款/归还应付款																
原材料入库/更新原料订单																
下原料订单																
更新生产/完工入库																
投资新生产线/变卖生产线/生产线转产																
向其他企业购买原材料/出售原材料																
开始下一批生产																
更新应收款/应收款收现																
出售厂房																
向其他企业购买成品/出售成品																
按订单交货																
产品研发投资																
支付行政管理费																
其他现金收支情况登记																
支付租金/购买厂房																
支付利息/更新长期贷款/申请长期贷款																
支付设备维护费																
计提折旧													（　）			
新市场开拓/ISO资格认证投资																
产成品入库合计																
产成品出库合计																
期末产成品对账（请填余额）																
结账																

第 一 年

企业经营流程 请按顺序执行下列各项操作	每执行完一项相关操作，营销总监（或助理）在方格中填写产成品增减和销售情况															
新年度规划会议																
参加订货会/登记销售订单																
制订新年度计划																
支付应付税费																
	第一季度				第二季度				第三季度				第四季度			
产成品库存台账	P1	P2	P3	P4	P1	P2	P3	P4	P1	P2	P3	P4	P1	P2	P3	P4
期初产成品盘点（请填余额）																
更新短期贷款/还本付息/申请短期贷款（高利贷）																
更新应付款/归还应付款																
原材料入库/更新原料订单																
下原料订单																
更新生产/完工入库																
投资新生产线/变卖生产线/生产线转产																
向其他企业购买原材料/出售原材料																
开始下一批生产																
更新应收款/应收款收现																
出售厂房																
向其他企业购买成品/出售成品																
按订单交货																
产品研发投资																
支付行政管理费																
其他现金收支情况登记																
支付租金/购买厂房																
支付利息/更新长期贷款/申请长期贷款																
支付设备维护费																
计提折旧													（ ）			
新市场开拓/ISO 资格认证投资																
产成品入库合计																
产成品出库合计																
期末产成品对账（请填余额）																
结账																

第 二 年

企业经营流程 请按顺序执行下列各项操作	**每执行完一项相关操作，营销总监（或助理）在方格中填写产成品增减和销售情况**															
新年度规划会议																
参加订货会/登记销售订单																
制订新年度计划																
支付应付税费																
	第一季度				第二季度				第三季度				第四季度			
产成品库存台账	P1	P2	P3	P4	P1	P2	P3	P4	P1	P2	P3	P4	P1	P2	P3	P4
期初产成品盘点（请填余额）																
更新短期贷款/还本付息/申请短期贷款（高利贷）																
更新应付款/归还应付款																
原材料入库/更新原料订单																
下原料订单																
更新生产/完工入库																
投资新生产线/变卖生产线/生产线转产																
向其他企业购买原材料/出售原材料																
开始下一批生产																
更新应收款/应收款收现																
出售厂房																
向其他企业购买成品/出售成品																
按订单交货																
产品研发投资																
支付行政管理费																
其他现金收支情况登记																
支付租金/购买厂房																
支付利息/更新长期贷款/申请长期贷款																
支付设备维护费																
计提折旧													（ ）			
新市场开拓/ISO 资格认证投资																
产成品入库合计																
产成品出库合计																
期末产成品对账（请填余额）																
结账																

第 三 年

企业经营流程 请按顺序执行下列各项操作	每执行完一项相关操作，营销总监（或助理）在方格中填写产成品增减和销售情况															
新年度规划会议																
参加订货会/登记销售订单																
制订新年度计划																
支付应付税费																
	第一季度				第二季度				第三季度				第四季度			
产成品库存台账	P1	P2	P3	P4	P1	P2	P3	P4	P1	P2	P3	P4	P1	P2	P3	P4
期初产成品盘点（请填余额）																
更新短期贷款/还本付息/申请短期贷款（高利贷）																
更新应付款/归还应付款																
原材料入库/更新原料订单																
下原料订单																
更新生产/完工入库																
投资新生产线/变卖生产线/生产线转产																
向其他企业购买原材料/出售原材料																
开始下一批生产																
更新应收款/应收款收现																
出售厂房																
向其他企业购买成品/出售成品																
按订单交货																
产品研发投资																
支付行政管理费																
其他现金收支情况登记																
支付租金/购买厂房																
支付利息/更新长期贷款/申请长期贷款																
支付设备维护费																
计提折旧													( )			
新市场开拓/ISO资格认证投资																
产成品入库合计																
产成品出库合计																
期末产成品对账（请填余额）																
结账																

第　四　年

企业经营流程 请按顺序执行下列各项操作	每执行完一项相关操作，营销总监（或助理）在方格中填写产成品增减和销售情况															
新年度规划会议																
参加订货会/登记销售订单																
制订新年度计划																
支付应付税费																
	第一季度				第二季度				第三季度				第四季度			
产成品库存台账	P1	P2	P3	P4	P1	P2	P3	P4	P1	P2	P3	P4	P1	P2	P3	P4
期初产成品盘点（请填余额）																
更新短期贷款/还本付息/申请短期贷款（高利贷）																
更新应付款/归还应付款																
原材料入库/更新原料订单																
下原料订单																
更新生产/完工入库																
投资新生产线/变卖生产线/生产线转产																
向其他企业购买原材料/出售原材料																
开始下一批生产																
更新应收款/应收款收现																
出售厂房																
向其他企业购买成品/出售成品																
按订单交货																
产品研发投资																
支付行政管理费																
其他现金收支情况登记																
支付租金/购买厂房																
支付利息/更新长期贷款/申请长期贷款																
支付设备维护费																
计提折旧													（　）			
新市场开拓/ISO 资格认证投资																
产成品入库合计																
产成品出库合计																
期末产成品对账（请填余额）																
结账																

第 五 年

企业经营流程 请按顺序执行下列各项操作	**每执行完一项相关操作，营销总监（或助理）在方格中填写产成品增减和销售情况**															
新年度规划会议																
参加订货会/登记销售订单																
制订新年度计划																
支付应付税费																
	第一季度				第二季度				第三季度				第四季度			
产成品库存台账	P1	P2	P3	P4	P1	P2	P3	P4	P1	P2	P3	P4	P1	P2	P3	P4
期初产成品盘点（请填余额）																
更新短期贷款/还本付息/申请短期贷款（高利贷）																
更新应付款/归还应付款																
原材料入库/更新原料订单																
下原料订单																
更新生产/完工入库																
投资新生产线/变卖生产线/生产线转产																
向其他企业购买原材料/出售原材料																
开始下一批生产																
更新应收款/应收款收现																
出售厂房																
向其他企业购买成品/出售成品																
按订单交货																
产品研发投资																
支付行政管理费																
其他现金收支情况登记																
支付租金/购买厂房																
支付利息/更新长期贷款/申请长期贷款																
支付设备维护费																
计提折旧													（ ）			
新市场开拓/ISO 资格认证投资																
产成品入库合计																
产成品出库合计																
期末产成品对账（请填余额）																
结账																

第 六 年

企业经营流程 请按顺序执行下列各项操作	每执行完一项相关操作，营销总监（或助理）在方格中填写产成品增减和销售情况															
新年度规划会议																
参加订货会/登记销售订单																
制订新年度计划																
支付应付税费																
	第一季度				第二季度				第三季度				第四季度			
产成品库存台账	P1	P2	P3	P4	P1	P2	P3	P4	P1	P2	P3	P4	P1	P2	P3	P4
期初产成品盘点（请填余额）																
更新短期贷款/还本付息/申请短期贷款（高利贷）																
更新应付款/归还应付款																
原材料入库/更新原料订单																
下原料订单																
更新生产/完工入库																
投资新生产线/变卖生产线/生产线转产																
向其他企业购买原材料/出售原材料																
开始下一批生产																
更新应收款/应收款收现																
出售厂房																
向其他企业购买成品/出售成品																
按订单交货																
产品研发投资																
支付行政管理费																
其他现金收支情况登记																
支付租金/购买厂房																
支付利息/更新长期贷款/申请长期贷款																
支付设备维护费																
计提折旧														（ ）		
新市场开拓/ISO 资格认证投资																
产成品入库合计																
产成品出库合计																
期末产成品对账（请填余额）																
结账																

（ ）公司广告报价单

第一年本地				第二年本地				第三年本地				第四年本地				第五年本地				第六年本地			
产品	广告	9K	14K	产品	广告	9K	14K	产品	广告	9K	14K	产品	广告	9K	14K	产品	广告	9K	14K	产品	广告	9K	14K
P1				P1				P1				P1				P1				P1			
P2				P2				P2				P2				P2				P2			
P3				P3				P3				P3				P3				P3			
P4				P4				P4				P4				P4				P4			

第一年区域				第二年区域				第三年区域				第四年区域				第五年区域				第六年区域			
产品	广告	9K	14K	产品	广告	9K	14K	产品	广告	9K	14K	产品	广告	9K	14K	产品	广告	9K	14K	产品	广告	9K	14K
P1				P1				P1				P1				P1				P1			
P2				P2				P2				P2				P2				P2			
P3				P3				P3				P3				P3				P3			
P4				P4				P4				P4				P4				P4			

第一年国内				第二年国内				第三年国内				第四年国内				第五年国内				第六年国内			
产品	广告	9K	14K	产品	广告	9K	14K	产品	广告	9K	14K	产品	广告	9K	14K	产品	广告	9K	14K	产品	广告	9K	14K
P1				P1				P1				P1				P1				P1			
P2				P2				P2				P2				P2				P2			
P3				P3				P3				P3				P3				P3			
P4				P4				P4				P4				P4				P4			

第一年亚洲				第二年亚洲				第三年亚洲				第四年亚洲				第五年亚洲				第六年亚洲			
产品	广告	9K	14K	产品	广告	9K	14K	产品	广告	9K	14K	产品	广告	9K	14K	产品	广告	9K	14K	产品	广告	9K	14K
P1				P1				P1				P1				P1				P1			
P2				P2				P2				P2				P2				P2			
P3				P3				P3				P3				P3				P3			
P4				P4				P4				P4				P4				P4			

第一年国际				第二年国际				第三年国际				第四年国际				第五年国际				第六年国际			
产品	广告	9K	14K	产品	广告	9K	14K	产品	广告	9K	14K	产品	广告	9K	14K	产品	广告	9K	14K	产品	广告	9K	14K
P1				P1				P1				P1				P1				P1			
P2				P2				P2				P2				P2				P2			
P3				P3				P3				P3				P3				P3			
P4				P4				P4				P4				P4				P4			

2.6　企业经营过程记录表（生产总监）

操　作　记　录

企业经营过程记录表

＿＿＿＿＿＿公司生产总监

起 始 年

企业经营流程 请按顺序执行下列各项操作	**每执行完一项相关操作，生产总监（或助理）在方格中填写在制品生产和产品研发投资情况**															
新年度规划会议																
参加订货会/登记销售订单																
制订新年度计划																
支付应付税费																
	第一季度				第二季度				第三季度				第四季度			
在制品台账	P1	P2	P3	P4	P1	P2	P3	P4	P1	P2	P3	P4	P1	P2	P3	P4
期初在制品盘点（请填余额）																
更新短期贷款/还本付息/申请短期贷款（高利贷）																
更新应付款/归还应付款																
原材料入库/更新原料订单																
下原料订单																
更新生产/完工入库																
投资新生产线/变卖生产线/生产线转产																
向其他企业购买原材料/出售原材料																
开始下一批生产																
更新应收款/应收款收现																
出售厂房																
向其他企业购买成品/出售成品																
按订单交货																
产品研发投资																
支付行政管理费																
其他现金收支情况登记																
支付租金/购买厂房																
支付利息/更新长期贷款/申请长期贷款																
支付设备维护费																
计提折旧																
新市场开拓/ISO 资格认证投资																
在制品上线合计																
在制品下线合计																
期末在制品对账（请填余额）																
结账																

第 一 年

企业经营流程
请按顺序执行下列各项操作

每执行完一项相关操作，生产总监（或助理）在方格中填写在制品生产和产品研发投资情况

新年度规划会议																
参加订货会/登记销售订单																
制订新年度计划																
支付应付税费																
	第一季度				第二季度				第三季度				第四季度			
在制品台账	P1	P2	P3	P4	P1	P2	P3	P4	P1	P2	P3	P4	P1	P2	P3	P4
期初在制品盘点（请填余额）																
更新短期贷款/还本付息/申请短期贷款（高利贷）																
更新应付款/归还应付款																
原材料入库/更新原料订单																
下原料订单																
更新生产/完工入库																
投资新生产线/变卖生产线/生产线转产																
向其他企业购买原材料/出售原材料																
开始下一批生产																
更新应收款/应收款收现																
出售厂房																
向其他企业购买成品/出售成品																
按订单交货																
产品研发投资																
支付行政管理费																
其他现金收支情况登记																
支付租金/购买厂房																
支付利息/更新长期贷款/申请长期贷款																
支付设备维护费																
计提折旧																
新市场开拓/ISO 资格认证投资																
在制品上线合计																
在制品下线合计																
期末在制品对账（请填余额）																
结账																

第 二 年

企业经营流程
请按顺序执行下列各项操作

每执行完一项相关操作，生产总监（或助理）在方格中填写在制品生产和产品研发投资情况

新年度规划会议																
参加订货会/登记销售订单																
制订新年度计划																
支付应付税费																
	第一季度				第二季度				第三季度				第四季度			
在制品台账	P1	P2	P3	P4	P1	P2	P3	P4	P1	P2	P3	P4	P1	P2	P3	P4
期初在制品盘点（请填余额）																
更新短期贷款/还本付息/申请短期贷款（高利贷）																
更新应付款/归还应付款																
原材料入库/更新原料订单																
下原料订单																
更新生产/完工入库																
投资新生产线/变卖生产线/生产线转产																
向其他企业购买原材料/出售原材料																
开始下一批生产																
更新应收款/应收款收现																
出售厂房																
向其他企业购买成品/出售成品																
按订单交货																
产品研发投资																
支付行政管理费																
其他现金收支情况登记																
支付租金/购买厂房																
支付利息/更新长期贷款/申请长期贷款																
支付设备维护费																
计提折旧																
新市场开拓/ISO 资格认证投资																
在制品上线合计																
在制品下线合计																
期末在制品对账（请填余额）																
结账																

第 三 年

企业经营流程 请按顺序执行下列各项操作	每执行完一项相关操作，生产总监（或助理）在方格中填写在制品生产和产品研发投资情况															
新年度规划会议																
参加订货会/登记销售订单																
制订新年度计划																
支付应付税费																
	第一季度				第二季度				第三季度				第四季度			
在制品台账	P1	P2	P3	P4	P1	P2	P3	P4	P1	P2	P3	P4	P1	P2	P3	P4
期初在制品盘点（请填余额）																
更新短期贷款/还本付息/申请短期贷款（高利贷）																
更新应付款/归还应付款																
原材料入库/更新原料订单																
下原料订单																
更新生产/完工入库																
投资新生产线/变卖生产线/生产线转产																
向其他企业购买原材料/出售原材料																
开始下一批生产																
更新应收款/应收款收现																
出售厂房																
向其他企业购买成品/出售成品																
按订单交货																
产品研发投资																
支付行政管理费																
其他现金收支情况登记																
支付租金/购买厂房																
支付利息/更新长期贷款/申请长期贷款																
支付设备维护费																
计提折旧																
新市场开拓/ISO资格认证投资																
在制品上线合计																
在制品下线合计																
期末在制品对账（请填余额）																
结账																

第 四 年

企业经营流程 请按顺序执行下列各项操作	**每执行完一项相关操作，生产总监（或助理）在方格中填写在制品生产和产品研发投资情况**															
新年度规划会议																
参加订货会/登记销售订单																
制订新年度计划																
支付应付税费																
	第一季度				第二季度				第三季度				第四季度			
在制品台账	P1	P2	P3	P4	P1	P2	P3	P4	P1	P2	P3	P4	P1	P2	P3	P4
期初在制品盘点（请填余额）																
更新短期贷款/还本付息/申请短期贷款（高利贷）																
更新应付款/归还应付款																
原材料入库/更新原料订单																
下原料订单																
更新生产/完工入库																
投资新生产线/变卖生产线/生产线转产																
向其他企业购买原材料/出售原材料																
开始下一批生产																
更新应收款/应收款收现																
出售厂房																
向其他企业购买成品/出售成品																
按订单交货																
产品研发投资																
支付行政管理费																
其他现金收支情况登记																
支付租金/购买厂房																
支付利息/更新长期贷款/申请长期贷款																
支付设备维护费																
计提折旧																
新市场开拓/ISO 资格认证投资																
在制品上线合计																
在制品下线合计																
期末在制品对账（请填余额）																
结账																

第 五 年

企业经营流程
请按顺序执行下列各项操作

每执行完一项相关操作，生产总监（或助理）在方格中填写在制品生产和产品研发投资情况

新年度规划会议																
参加订货会/登记销售订单																
制订新年度计划																
支付应付税费																
	第一季度				第二季度				第三季度				第四季度			
在制品台账	P1	P2	P3	P4	P1	P2	P3	P4	P1	P2	P3	P4	P1	P2	P3	P4
期初在制品盘点（请填余额）																
更新短期贷款/还本付息/申请短期贷款（高利贷）																
更新应付款/归还应付款																
原材料入库/更新原料订单																
下原料订单																
更新生产/完工入库																
投资新生产线/变卖生产线/生产线转产																
向其他企业购买原材料/出售原材料																
开始下一批生产																
更新应收款/应收款收现																
出售厂房																
向其他企业购买成品/出售成品																
按订单交货																
产品研发投资																
支付行政管理费																
其他现金收支情况登记																
支付租金/购买厂房																
支付利息/更新长期贷款/申请长期贷款																
支付设备维护费																
计提折旧																
新市场开拓/ISO资格认证投资																
在制品上线合计																
在制品下线合计																
期末在制品对账（请填余额）																
结账																

第六年

企业经营流程

请按顺序执行下列各项操作

每执行完一项相关操作，生产总监（或助理）在方格中填写在制品生产和产品研发投资情况

新年度规划会议																
参加订货会/登记销售订单																
制订新年度计划																
支付应付税费																
	第一季度				第二季度				第三季度				第四季度			
在制品台账	P1	P2	P3	P4	P1	P2	P3	P4	P1	P2	P3	P4	P1	P2	P3	P4
期初在制品盘点（请填余额）																
更新短期贷款/还本付息/申请短期贷款（高利贷）																
更新应付款/归还应付款																
原材料入库/更新原料订单																
下原料订单																
更新生产/完工入库																
投资新生产线/变卖生产线/生产线转产																
向其他企业购买原材料/出售原材料																
开始下一批生产																
更新应收款/应收款收现																
出售厂房																
向其他企业购买成品/出售成品																
按订单交货																
产品研发投资																
支付行政管理费																
其他现金收支情况登记																
支付租金/购买厂房																
支付利息/更新长期贷款/申请长期贷款																
支付设备维护费																
计提折旧																
新市场开拓/ISO资格认证投资																
在制品上线合计																
在制品下线合计																
期末在制品对账（请填余额）																
结账																

生产计划及采购计划编制（第一至第三年）

生产线		第一年				第二年				第三年			
		第一季度	第二季度	第三季度	第四季度	第一季度	第二季度	第三季度	第四季度	第一季度	第二季度	第三季度	第四季度
1	产品												
	材料												
2	产品												
	材料												
3	产品												
	材料												
4	产品												
	材料												
5	产品												
	材料												
6	产品												
	材料												
7	产品												
	材料												
8	产品												
	材料												
合计	产品												
	材料												

生产计划及采购计划编制（第四至第六年）

生产线		第四年				第五年				第六年			
		第一季度	第二季度	第三季度	第四季度	第一季度	第二季度	第三季度	第四季度	第一季度	第二季度	第三季度	第四季度
1	产品												
	材料												
2	产品												
	材料												
3	产品												
	材料												
4	产品												
	材料												
5	产品												
	材料												
6	产品												
	材料												
7	产品												
	材料												
8	产品												
	材料												
合计	产品												
	材料												

2.7　企业经营过程记录表（采购总监）

操　作　记　录

企业经营过程记录表

__________公司采购总监

起　始　年

企业经营流程 请按顺序执行下列各项操作	每执行完一项相关操作，采购总监（或助理）在方格中真写材料收支情况															
新年度规划会议																
参加订货会/登记销售订单																
制订新年度计划																
支付应付税费																
	第一季度				第二季度				第三季度				第四季度			
原材料库存台账	R1	R2	R3	R4	R1	R2	R3	R4	R1	R2	R3	R4	R1	R2	R3	R4
期初原材料盘点（请填余额）																
更新短期贷款/还本付息/申请短期贷款（高利贷）																
更新应付款/归还应付款																
原材料入库/更新原料订单																
下原料订单																
更新生产/完工入库																
投资新生产线/变卖生产线/生产线转产																
向其他企业购买原材料/出售原材料																
开始下一批生产																
更新应收款/应收款收现																
出售厂房																
向其他企业购买成品/出售成品																
按订单交货																
产品研发投资																
支付行政管理费																
其他现金收支情况登记																
支付租金/购买厂房																
支付利息/更新长期贷款/申请长期贷款																
支付设备维护费																
计提折旧																
新市场开拓/ISO资格认证投资																
原材料入库合计																
原材料出库合计																
期末原材料对账（请填余额）																
结账																

第 一 年

企业经营流程
请按顺序执行下列各项操作

每执行完一项相关操作，采购总监（或助理）在方格中填写材料收支情况

新年度规划会议																
参加订货会/登记销售订单																
制订新年度计划																
支付应付税费																
	第一季度				第二季度				第三季度				第四季度			
原材料库存台账	R1	R2	R3	R4	R1	R2	R3	R4	R1	R2	R3	R4	R1	R2	R3	R4
期初原材料盘点（请填余额）																
更新短期贷款/还本付息/申请短期贷款（高利贷）																
更新应付款/归还应付款																
原材料入库/更新原料订单																
下原料订单																
更新生产/完工入库																
投资新生产线/变卖生产线/生产线转产																
向其他企业购买原材料/出售原材料																
开始下一批生产																
更新应收款/应收款收现																
出售厂房																
向其他企业购买成品/出售成品																
按订单交货																
产品研发投资																
支付行政管理费																
其他现金收支情况登记																
支付租金/购买厂房																
支付利息/更新长期贷款/申请长期贷款																
支付设备维护费																
计提折旧																
新市场开拓/ISO 资格认证投资																
原材料入库合计																
原材料出库合计																
期末原材料对账（请填余额）																
结账																

第　二　年

企业经营流程 请按顺序执行下列各项操作	每执行完一项相关操作，采购总监（或助理）在方格中填写材料收支情况															
新年度规划会议																
参加订货会/登记销售订单																
制订新年度计划																
支付应付税费																
	第一季度				第二季度				第三季度				第四季度			
原材料库存台账	R1	R2	R3	R4	R1	R2	R3	R4	R1	R2	R3	R4	R1	R2	R3	R4
期初原材料盘点（请填余额）																
更新短期贷款/还本付息/申请短期贷款（高利贷）																
更新应付款/归还应付款																
原材料入库/更新原料订单																
下原料订单																
更新生产/完工入库																
投资新生产线/变卖生产线/生产线转产																
向其他企业购买原材料/出售原材料																
开始下一批生产																
更新应收款/应收款收现																
出售厂房																
向其他企业购买成品/出售成品																
按订单交货																
产品研发投资																
支付行政管理费																
其他现金收支情况登记																
支付租金/购买厂房																
支付利息/更新长期贷款/申请长期贷款																
支付设备维护费																
计提折旧																
新市场开拓/ISO资格认证投资																
原材料入库合计																
原材料出库合计																
期末原材料对账（请填余额）																
结账																

第 三 年

企业经营流程 请按顺序执行下列各项操作	每执行完一项相关操作，采购总监（或助理）在方格中填写材料收支情况															
新年度规划会议																
参加订货会/登记销售订单																
制订新年度计划																
支付应付税费																
	第一季度				第二季度				第三季度				第四季度			
原材料库存台账	R1	R2	R3	R4	R1	R2	R3	R4	R1	R2	R3	R4	R1	R2	R3	R4
期初原材料盘点（请填余额）																
更新短期贷款/还本付息/申请短期贷款（高利贷）																
更新应付款/归还应付款																
原材料入库/更新原料订单																
下原料订单																
更新生产/完工入库																
投资新生产线/变卖生产线/生产线转产																
向其他企业购买原材料/出售原材料																
开始下一批生产																
更新应收款/应收款收现																
出售厂房																
向其他企业购买成品/出售成品																
按订单交货																
产品研发投资																
支付行政管理费																
其他现金收支情况登记																
支付租金/购买厂房																
支付利息/更新长期贷款/申请长期贷款																
支付设备维护费																
计提折旧																
新市场开拓/ISO 资格认证投资																
原材料入库合计																
原材料出库合计																
期末原材料对账（请填余额）																
结账																

第　四　年

企业经营流程 请按顺序执行下列各项操作	每执行完一项相关操作，采购总监（或助理）在方格中填写材料收支情况															
新年度规划会议																
参加订货会/登记销售订单																
制订新年度计划																
支付应付税费																
	第一季度				第二季度				第三季度				第四季度			
原材料库存台账	R1	R2	R3	R4	R1	R2	R3	R4	R1	R2	R3	R4	R1	R2	R3	R4
期初原料盘点（请填余额）																
更新短期贷款/还本付息/申请短期贷款（高利贷）																
更新应付款/归还应付款																
原材料入库/更新原料订单																
下原料订单																
更新生产/完工入库																
投资新生产线/变卖生产线/生产线转产																
向其他企业购买原材料/出售原材料																
开始下一批生产																
更新应收款/应收款收现																
出售厂房																
向其他企业购买成品/出售成品																
按订单交货																
产品研发投资																
支付行政管理费																
其他现金收支情况登记																
支付租金/购买厂房																
支付利息/更新长期贷款/申请长期贷款																
支付设备维护费																
计提折旧																
新市场开拓/ISO 资格认证投资																
原材料入库合计																
原材料出库合计																
期末原材料对账（请填余额）																
结账																

第 五 年

企业经营流程
请按顺序执行下列各项操作

每执行完一项相关操作，采购总监（或助理）在方格中填写材料收支情况

新年度规划会议																
参加订货会/登记销售订单																
制订新年度计划																
支付应付税费																
	第一季度				第二季度				第三季度				第四季度			
原材料库存台账	R1	R2	R3	R4	R1	R2	R3	R4	R1	R2	R3	R4	R1	R2	R3	R4
期初原材料盘点（请填余额）																
更新短期贷款/还本付息/申请短期贷款（高利贷）																
更新应付款/归还应付款																
原材料入库/更新原料订单																
下原料订单																
更新生产/完工入库																
投资新生产线/变卖生产线/生产线转产																
向其他企业购买原材料/出售原材料																
开始下一批生产																
更新应收款/应收款收现																
出售厂房																
向其他企业购买成品/出售成品																
按订单交货																
产品研发投资																
支付行政管理费																
其他现金收支情况登记																
支付租金/购买厂房																
支付利息/更新长期贷款/申请长期贷款																
支付设备维护费																
计提折旧																
新市场开拓/ISO 资格认证投资																
原材料入库合计																
原材料出库合计																
期末原材料对账（请填余额）																
结账																

第六年

企业经营流程 请按顺序执行下列各项操作	每执行完一项相关操作，采购总监（或助理）在方格中填写材料收支情况															
新年度规划会议																
参加订货会/登记销售订单																
制订新年度计划																
支付应付税费																
	第一季度				第二季度				第三季度				第四季度			
原材料库存台账	R1	R2	R3	R4	R1	R2	R3	R4	R1	R2	R3	R4	R1	R2	R3	R4
期初原材料盘点（请填余额）																
更新短期贷款/还本付息/申请短期贷款（高利贷）																
更新应付款/归还应付款																
原材料入库/更新原料订单																
下原料订单																
更新生产/完工入库																
投资新生产线/变卖生产线/生产线转产																
向其他企业购买原材料/出售原材料																
开始下一批生产																
更新应收款/应收款收现																
出售厂房																
向其他企业购买成品/出售成品																
按订单交货																
产品研发投资																
支付行政管理费																
其他现金收支情况登记																
支付租金/购买厂房																
支付利息/更新长期贷款/申请长期贷款																
支付设备维护费																
计提折旧																
新市场开拓/ISO 资格认证投资																
原材料入库合计																
原材料出库合计																
期末原材料对账（请填余额）																
结账																

（　　　）公司采购登记表

第一年	第一季度				第二季度				第三季度				第四季度			
原材料	R1	R2	R3	R4	R1	R2	R3	R4	R1	R2	R3	R4	R1	R2	R3	R4
订购数量																
采购入库																

第二年	第一季度				第二季度				第三季度				第四季度			
原材料	R1	R2	R3	R4	R1	R2	R3	R4	R1	R2	R3	R4	R1	R2	R3	R4
订购数量																
采购入库																

第三年	第一季度				第二季度				第三季度				第四季度			
原材料	R1	R2	R3	R4	R1	R2	R3	R4	R1	R2	R3	R4	R1	R2	R3	R4
订购数量																
采购入库																

第四年	第一季度				第二季度				第三季度				第四季度			
原材料	R1	R2	R3	R4	R1	R2	R3	R4	R1	R2	R3	R4	R1	R2	R3	R4
订购数量																
采购入库																

第五年	第一季度				第二季度				第三季度				第四季度			
原材料	R1	R2	R3	R4	R1	R2	R3	R4	R1	R2	R3	R4	R1	R2	R3	R4
订购数量																
采购入库																

第六年	第一季度				第二季度				第三季度				第四季度			
原材料	R1	R2	R3	R4	R1	R2	R3	R4	R1	R2	R3	R4	R1	R2	R3	R4
订购数量																
采购入库																

2.8　人力资源总监附加用表

操　作　记　录

人力资源总监附加用表

__________公司人力资源总监

（1）记录每个成员的出勤情况：

	CEO	COO	CFO	营销总监	生产总监	采购总监	人力资源总监	……	
起始年									
第一年									
第二年									
第三年									
第四年									
第五年									
第六年									

（2）记录每个成员在企业运行中出错的情况：

（3）记录团队成员获裁判组奖励的情况：

（4）记录团队成员受裁判组处罚的情况：

（5）其他：

（6）对团队成员参与度与贡献度提出综合排序的建议：

（说明：此排名建议需要提交 CEO 做最终决定后交指导教师，CEO 本人不参加此排名，其成绩由指导教师直接给出）

第三篇

总　结　篇

只有善于思考和总结的人，才能获得最大的收获与提高。

成长在于积累。笔记是积累的一种方式，这种方式最笨，也最聪明。它记录了你的发现、你的成长、你的感悟。把它们收集起来，这是你的财富，也是你永久的珍藏。

3.0　开篇语

竞赛的过程是热闹的，但真正的收获与提高是在竞赛后的总结和交流。经过了3天模拟6年的经营后，及时认真地总结、反思是必要的。赢要知道赢在哪，输也要知道输在哪。不知道赢在哪不是真正的赢，只能说是瞎猫碰上了死耗子。赢者也会有失误的地方，输者也会有精彩的地方。只有能挖掘出成败背后的原因才是真正的赢家。如果受训者能在模拟操作的基础上，进行深刻的反思与总结，不仅知道赢在哪还知道为什么会赢，不仅知道输在哪还知道为什么会输，这样不管赢家与输家都是赢家——真正的赢家，学到了知识，获得了提升。

竞赛从来都不是目的，通过竞赛使大家都进行了最大的发挥，得到了最大的锻炼，这才是最有价值的。从这个角度来说，只要你尽了最大的努力，不管你赢了，还是输了，你都是赢家。3天的竞赛带给我们的是启迪，是思考，是发现自己。只有实践才能真正检验我们学到了什么，才能真正跨越自己。

3天的学习和竞赛，你肯定有很多感想，知识和技能也装了一箩筐，虽然可能仅仅是知识点。你可能会有些许遗憾，因为你总是匆忙行动而顾不及运用你刚学到的知识，或是想当然地认为应该怎么做而忽略了本竞赛的市场规则和企业运营规则，致使运营出错或是竞赛失利；你可能会有一个小小的愿望：假如我们可以重新再来……

那么，就开动你的脑筋，拿起你的笔进行反思和总结吧！

本篇还增加了 5 篇阅读文章（均以电子版形式在网上免费提供），分别从正确认识战略与战略决策、如何思考一个成长型公司的战略决策、企业发展快与慢的辩证关系、多元化的误区和重视制定战略的方法论等角度阐述了公司战略选择、经营方略与竞争策略等问题，供参训者总结提高时参考。

3.1 受训者日常记录

成长在于积累。笔记是积累的一种方式，这种方式最笨，也最聪明。它记录了你的发现、你的成长、你的感悟。把它们收集起来，这是你的财富，也是你永久的珍藏。

（不够可另加附页）

3.2 对经营规划的再思考

企业经营的本质是盈利，那么我们不妨从“如何盈利”入手，逐级展开以下6个问题的探讨：

（1）利润不足是成本过高还是销售不足？

（2）如果是成本太高，找出控制成本的有效方法。

（3）如果是销售不足，分析是什么原因造成的。

（4）如果企业所处行业已经没有利润空间，考虑尽早进行行业调整。

（5）如果通过市场分析，感觉企业的细分市场不够大，要么加大市场投入，要么需要重新定位。

（6）如果既不是行业的问题，也不是市场的问题，那么问题应该是出在管理上，就需要细化管理，内部改进。

（不够可另加附页）

3.3 改进工作的思路

扩大销售

（1）提高产品和服务的质量，增加客户满意度。
（2）提高附加服务。
（3）市场渗透。
（4）开拓新市场。
（5）研发新产品、新技术。
（6）加强企业品牌宣传，改善公司及产品形象。
（7）集中资源重点投放。
（8）并行工程。
（9）扩建或改造生产设备，提高产能。
（10）提高设备利用率。
……

降低成本

（1）消除生产过程中的一切浪费。
（2）考虑替代料。
（3）考虑委外、外包。
（4）节约资源。
（5）寻求合作。
（6）规模化、标准化。
……

3.4 受训者总结

受训者总结提纲

(1) 简要描述所在企业的经营状况。

(2) 分析所在企业成败的关键点及原因。

(3) 总结所担任角色的得与失。

(4) 对所在企业下一步发展的意见和建议。

(不够可另加附页)

3.5 经营竞赛交流

学习别人的长处，弥补自己的短处。6组派代表进行经营总结交流，不一定都是CEO，也可以是CFO、营销总监、生产总监等不同角色。同时允许个别发言，作为补充。

（不够可另加附页）

3.6 指导教师点评与分析

记录：

（不够可另加附页）

3.7 大赛心得分享

学到精彩，体会残酷

盛明辉

ERP 沙盘大赛是通过直观的企业经营沙盘，来模拟企业运行状况，让队员在分析市场、制定战略、组织生产、整体营销和财务管理等一系列活动中体会企业经营运作的全过程，认识到企业资源的有限性，从而深刻理解 ERP 的管理思想，领悟科学的管理规律，提升管理能力。同时，真切地体会市场竞争的精彩与残酷，提前感受未来的财富人生，在以后的竞争中比别人多一个筹码，多一份从容和自信。

这个世界唯一不变的就是变化

曾经，有许许多多的 ERP 沙盘初学者都在苦苦思索一个问题：究竟有没有一种战略可以确保我们常胜不败呢？然而，经过无数次的实践证明，答案是否定的！没有哪一种战略可以保证我们在任何时间、任何地点战胜任何对手。ERP 沙盘战略的关键在于创新和求变。这与现实生活是一脉相承的。就战略本身而言，没有好坏与强弱之分（请参阅阅读文章 1：全面认识战略与战略决策）。今天，我们用此战略获得了胜利，然而，下次比赛面对不同的竞争对手、不同的市场环境，它就很有可能不再奏效。因此，我们在面临比赛制定战略时，一定要随对手和环境的变化而变化。战略，适合的才是最好的！

小公司的战略就两个词：活下来！挣钱！

先求生存，再求发展，这是所有企业必须遵从的规律。企业开始运营阶段虽然有一定的权益，但并不是很高，生存能力也不是很强，因此企业在制定发展战略时，一定要与企业的实际相结合，控制适当的发展速度。否则，大举投入，全面开花，就会使不高的权益急剧下降，财务状况严重恶化，导致企业陷入极度的困境，甚至破产。这就是关于企业发展的“度”的问题（请参阅阅读文章 2：跑马圈地、以快制胜的误区）。

企业战略的核心和重点在于保证企业发展过程中，人、财、物的平衡与统一。具体而言，我们在制定战略时，既要反对裹足不前，又要反对盲目冒进，一定要考虑企业的权益和现金流状况。

小企业要有大胸怀

ERP 沙盘比赛有 6 个团队参加。在比赛经营的过程中，切不可闭门造车，偏安一隅，要有竞争的意识。我们在做好自己的同时，还要密切关注对手的动态和信息，树立全局一盘棋的思想。信息在当今的社会中扮演着越来越重要的角色，只有知己知彼，才能百战不殆。在比赛的过程中，要注意广泛收集对手的信息，从全局的角度考虑公司的发展，真正实现信息为我所用。

团队合作的基础是真诚和信任

ERP 团队合作也符合“木桶理论”，其最终成绩的取得不是取决于团队的最强者，而是取决于团队中的实力稍弱者，因此团队一定要将最合适的人放在最合适的岗位上，把团队的效应发挥到极致。团队成员之间要彼此信任，相互理解，每个成员都要承担相应的责任，不仅要为自己的错误承担责任，也要做好准备为同伴的失误买单。领导力在顺境的时候，每个人都会有；只有在逆境的时候才考验真正的领导力。作为团队的领导者 CEO，必须具备良好的心理素质和协调能力。每个成员用心怀宽容的心态全力以赴，才能真正组成一个和谐的、有战斗力的团队。

商场如战场，但商场不是战场。战场上只有你死才能我活，而商场上是你活着，我可以活得更强。

ERP 沙盘赛场就像是没有硝烟的战场，但赛场绝不是生死的战场。在商业实战中，打败对手从来都不是一种战略。在竞赛过程中，团队之间的关系不是你死我活，特别体现在组间交易上，许多企业选择了同归于尽，而不是互惠互利。竞争是比赛过程中的一场游戏，更是一种艺术，参赛者首先是向竞争者学习，只有向竞争者学习的人才会进步。

我们一定要怀着一种正确的心态来对待比赛。用一种竞赛的心态参与这个游戏的过程，用一种游戏的心态来看待竞争的结果。竞赛从来都不是目的，在竞赛中获益和成长，这才是精髓所在。

（盛明辉是获得“2008 年全国沙盘大赛”辽宁省赛区一等奖团队的 CEO，题目为编者所加）

3.8 第五届“用友杯”全国大学生创业设计暨沙盘模拟经营大赛全国总决赛冠军案例

第一年长期贷款为零，短期贷款每季度贷 20M；年初购买大厂房，上 3 条柔性生产线；产品研发 P2 和 P3 产品，第一年年末 P2 产品研发完毕，P3 产品研发四期；市场开拓，开发 5 个市场，本地、区域、国内、亚洲、国际；ISO 9000 认证一期。

第二年年初长期贷款 50M，短期贷款每季度 20M 滚动；第一季度在大厂房上手工生产线 2 条，第二季度上全自动线 1 条，生产 P2 产品；产品研发将剩下两期 P3 产品研发完毕；市场开拓继续开发国内、亚洲、国际市场；ISO 9000 认证完毕。

第三年年初长期贷款 30M，短期贷款每季度 20M 滚动；租小厂房，上手工生产线 2 条；市场开拓继续开发亚洲和国际市场；认证 ISO 14000 一期。

第四年年初长期贷款 40M，短期贷款每季度 20M 滚动；继续租小厂房，在小厂房内新上 1 条全自动生产线，生产 P3 产品；第二季开始研发 P4 产品，第四年研发三期；市场开拓继续开发国际市场；认证 ISO 14000 二期。

第五年年初长期贷款 30M，短期贷款每季度 20M 滚动；在继续租用的小厂房内新上手工生产线 1 条；继续研发 P4 产品三期。

第六年年初长期贷款 50M，短期借款每季度 20M 滚动；第一季度购买小厂房，第四季度出售第一年建的 3 条柔性生产线和第二年建的 2 条手工生产线。

企业战略规划表

年份 / 项目	第一年				第二年			
	第一季度	第二季度	第三季度	第四季度	第一季度	第二季度	第三季度	第四季度
广告费	0				17M			
财务费用	0				4M			
长期贷款	0				50M（5 年）			
短期贷款	20M	20M	20M	20M	20M	20M	20M	20M
厂 房	40（大）							
生产线	3×5M（柔）	3×5M	3×5M	3×5M	2×5M（手工）	1×5M（自 P2）	1×5M	1×5M
产品开发	P2 P3	P2 P3	P2 P3	P2 P3	P3	P3		
市场开发	本地 区域 国内 亚洲 国际				国内 亚洲 国际			
ISO 认证	ISO 9000（一期）				ISO 9000（二期）			
权 益	46M				54M			

企业战略规划表（续一）

项目＼年份	第三年				第四年			
	第一季度	第二季度	第三季度	第四季度	第一季度	第二季度	第三季度	第四季度
广告费	23M				27M			
财务费用	9M				12M			
长期贷款	30M（5年）				40M（5年）			
短期贷款	20 M	20M	20M	20M	20M	20M	20M	20M
厂　房	3（租小）				3（租小）			
生产线	2×5M（手工）					1×5M（自 P3）	1×5M	1×5M
产品开发						P4	P4	P4
市场开发	亚洲　国际				国际			
ISO 认证	ISO 14000（一期）				ISO 14000（二期）			
权益	67M				74M			

企业战略规划表（续二）

项目＼年份	第五年				第六年			
	第一季度	第二季度	第三季度	第四季度	第一季度	第二季度	第三季度	第四季度
广告费	31M				48M			
财务费用	15M				19M			
长期贷款	30M（5年）				50M（5年）			
短期贷款	20M	20M	20M	20M	20M	20M	20M	20M
厂　房	3（租小）				30M（买）			
生产线		1×5M（手）						出售第一年3条柔性线和第二年建成的2条手工线
产品开发	P4	P4	P4					
市场开发								
ISO 认证								
预估权益	102M				166M			

该案例由辽宁工程技术大学技术与经济学院陈越、许可老师提供。

附　录

附录1　2013年辽宁省普通本科高等学校“用友新道杯”沙盘模拟经营大赛经营规则

一、参赛队

参照2012年国赛规则相关部分。

二、运行方式及监督

参照2012年国赛规则相关部分。

省赛建议安装录屏软件。比赛过程中，学生端最好启动录屏文件，全程录制经营过程，建议每一年经营录制为一个独立的文件。一旦发生争议，以录屏结果为证，裁决争议。如果擅自停止录屏过程，按系统的实际运行状态执行。录屏软件请自行去相关网站下载并提前学会使用，比赛期间组委会不负责提供，也不负责指导使用。

三、企业运营流程

企业运营流程建议按照竞赛手册—运营流程表中列示的流程严格执行。

每年经营结束后，各参赛队需要在系统中填制资产负债表。如果不填，则算报表错误一次并扣分，但不影响经营。此次比赛不需要交纸质报表给裁判核对。

注：参赛队在6年经营中不允许申请还原操作！

四、竞赛规则

1. 生产线

生产线	购置费	安装周期	生产周期	总转产费	转产周期	维护费	残值
超级手工线	30W	无	2Q	0	无	5W/年	6W
租赁线	0	无	1Q	20W	1Q	65W/年	-65W
自动线	150W	3Q	1Q	20W	1Q	20W/年	30W
柔性线	200W	4Q	1Q	0	无	20W/年	40W

不论何时出售生产线，从生产线净值中取出相当于残值的部分计入现金，净值与残值之差计入损失；只有空的并且已经建成的生产线方可转产；当年建成的生产线、转产

中生产线都要交维护费；生产线不允许在不同厂房间移动。

租赁线不需要购置费，不用安装周期，不提折旧，维护费可以理解为租金；其在出售时（可理解为退租），系统将扣 65W/条的清理费用，计入损失；该类生产线不计小分。超级手工线不计小分。

2. 折旧（平均年限法）

生产线	购置费	残值	建成第一年	建成第二年	建成第三年	建成第四年	建成第五年
超级手工线	30W	6W	0	6W	6W	6W	6W
自动线	150W	30W	0	30W	30W	30W	30W
柔性线	200W	40W	0	40W	40W	40W	40W

当年建成的生产线当年不提折旧，当净值等于残值时生产线不再提折旧，但可以继续使用。

3. 融资

贷款类型	贷款时间	贷款额度	年息	还款方式
长期贷款	每年年初	所有长贷与短贷之和不能超过上年权益的 3 倍	10%	年初付息，到期还本；每次贷款为不小于 10 的整数
短期贷款	每季度初		5%	到期一次还本付息；每次贷款为不小于 10 的整数
资金贴现	任何时间	视应收款额	10%（1、2 季），12.5%（3、4 季）	变现时贴息，可对 1、2 季应收款联合贴现（3、4 季同理）
库存拍卖	原材料 8 折，成品按成本价			

提请注意：长贷利息计算是所有不同年份长贷加总再乘以利率，然后四舍五入计算。短贷利息是按每笔短贷分别计算。

4. 厂房

厂房	买价	租金	售价	容量	厂房出售得到 4 个账期的应收款，紧急情况下可厂房贴现（第四季度贴现），直接得到现金，如厂房中有生产线，同时要扣租金
大厂房	400W	40W/年	400W	4 条	
中厂房	300W	30 W/年	300W	3 条	
小厂房	180W	18W/年	180W	2 条	

每季度均可租或买，租满 1 年的厂房在满年的季度（如第二季度租的，则在以后各年第二季度为满年，可进行处理），需要用“厂房处理”进行“租转买”、“退租”（当厂房中没有任何生产线时）等处理，如果未加处理，则原来租用的厂房在满年季末时自动续租；租用的厂房不提折旧；生产线不允许在不同厂房间移动。

厂房使用可以任意组合，但总数不能超过 4 个；如租 4 个小厂房或买 4 个大厂房或租 1 个大厂房买 3 个中厂房。

5. 市场准入

市场	开发费	时间	
本地	10W/年	1年	开发费用按开发时间在年末平均支付。不允许加速投资，但可中断投资。市场开发完成后，领取相应的市场准入证
区域	10W/年	1年	
国内	10W/年	2年	
亚洲	10W/年	3年	
国际	10W/年	4年	

不需要交维护费，中途停止使用，也可继续拥有资格并在以后年份使用。市场开拓，只有在第四季度才可以操作。

6. 资格认证

认证	ISO 9000	ISO 14000	
时间	2年	2年	开发费用按开发时间在年末平均支付，不允许加速投资，但可中断投资。ISO 开发完成后，领取相应的认证
费用	10W/年	20W/年	

不需要交维护费，中途停止使用，也可继续拥有资格并在以后年份使用。ISO 认证开拓，只有在第四季度才可以操作。

7. 产品

名称	开发费用	开发周期	加工费	直接成本	产品组成
P1	10W/季	2季	10W/个	20W/个	R1
P2	10W/季	3季	10W/个	30W/个	R2+R3
P3	10W/季	4季	10W/个	40W/个	R1+R3+R4
P4	10W/季	5季	10W/个	50W/个	R1+R3+P1（注意 P1 为中间品）
P5	10W/季	6季	10W/个	60W/个	R2+R4+P2（注意 P2 为中间品）

8. 原料

名称	购买价格	提前期
R1	10W/个	1季
R2	10W/个	1季
R3	10W/个	2季
R4	10W/个	2季

9. 紧急采购

付款即到货，原材料价格为直接成本的2倍，成品价格为直接成本的3倍。

紧急采购原材料和产品时，直接扣除现金。上报报表时，成本仍然按照标准成本记录，紧急采购多付出的成本计入费用表损失项。

10. 选单规则

投 10W 广告费有一次选单机会，每增加 20W 多一次机会，但是能否选到两次取决于市场需求及竞争态势。如果投小于 10W 广告费则无选单机会，但仍扣广告费，对计算市场广告费总额有效。广告费投放额度可以是非 10 的倍数，如 11W、12W。

投广告，只有裁判宣布的最晚时间，没有最早时间，即你在系统经营结束后可以马上投广告。

以本市场本产品广告费额投放大小顺序依次选单；如果两队本市场本产品广告费额相同，则看本市场广告费投放总额；如果本市场广告费总额也相同，则看上年本市场销售排名；如仍无法决定，先投广告者先选单。第一年无订单。

选单时，两个市场同时开单，各队需要同时关注两个市场的选单进展，其中一个市场先结束，则第三个市场立即开单，即任何时候都会有两个市场同开，除非到最后只剩下一个市场选单未结束。如某年有本地、区域、国内、亚洲 4 个市场有选单，则系统将本地、区域市场同时放单，各市场按 P1、P2、P3、P4 顺序独立放单，若本地市场选单结束，则国内市场立即放单，此时区域、国内两个市场保持同开，紧接着区域市场选单结束，则亚洲市场立即放单，即国内、亚洲两市场同开。选单时各队需要点击相应"市场"按钮，一个市场选单结束，系统不会自动跳到其他市场。

提请注意：①出现确认框要在倒计时时间大于 5 秒时按下确认按钮，否则可能造成选单无效。②在某细分市场（如本地、P1）有多次选单机会，只要放弃一次，则视同放弃该细分市场所有选单机会。③本次比赛无市场老大。

11. 竞拍会（系统一次同时放 3 张订单同时竞拍，并显示所有订单，第三、六年有）

参与竞拍的订单标明了订单编号、市场、产品、数量、ISO 要求等，而总价、交货期、账期 3 项为空。竞拍订单的相关要求说明如下：

竞拍会的单子中，价格、交货期、账期都是根据各个队伍的情况自己填写选择的，系统默认的总价是成本价，交货期为 1 期交货，账期为 4 账期，如要修改需要手工修改。

（1）投标资质

参与投标的公司需要有相应市场、ISO 认证的资质，但不必有生产资格。

中标的公司需为该单支付 10W 标书费，在竞拍会结束后一次性扣除，计入广告费里面。

如果（已竞得单数+本次同时竞单数）×10>现金余额，则不能再竞拍，即必须有一定库存现金作为保证金。如同时竞 3 张订单，库存现金为 54W，已经竞得 3 张订单，扣除了 30W 标书费，还剩余 24W 库存现金，则不能继续参与竞单，因为万一再竞得 3 张订单，24W 库存现金不足支付标书费 30W。

为防止恶意竞单，对竞得订单张数进行限制，如果某队已竞得订单张数>ROUND（3×该年竞单总张数/参赛队数），则不能继续竞单。

提请注意：①ROUND 表示四舍五入。②如上式为等于，可以继续参与竞单。③参赛队数指经营中的队伍，破产退出经营则不算其内。

如某年竞单，共有 40 张订单，20 队参与竞单，当一队已经得到 7 张单，因为 7>ROUND（3×40/20），所以不能继续竞单；但如果已经竞得 6 张，可以继续参与。

（2）投标

参与投标的公司须根据所投标的订单，在系统规定时间（90 秒，以倒计时秒形式显示）填写总价、交货期、账期 3 项内容，确认后由系统按照：

得分＝100+（5−交货期）×2+应收账期−8×总价/（该产品直接成本×数量）

以得分最高者中标。如果计算分数相同，则先提交者中标。

提请注意：①总价不能低于（可以等于）成本价，也不能高于（可以等于）成本价的 3 倍。②必须为竞单留足时间，如在倒计时时间小于等于 5 秒再提交，可能无效。③竞得订单与选中订单一样，算市场销售额。④竞单时不允许紧急采购，不允许市场间谍。

12. 订单违约

订单必须在规定季或提前交货，应收款账期从交货季开始算起。应收款收回系统自动完成，不需要各队填写收回金额。

13. 取整规则（均精确或舍到个位整数）

（1）违约金扣除——四舍五入（每张单分开算）。（2）库存拍卖所得现金——四舍五入。（3）贴现费用——向上取整。（4）扣税——四舍五入。（5）长短贷利息——四舍五入。

14. 特殊费用项目

库存折价拍卖、生产线变卖、紧急采购、订单违约计入其他损失。

15. 重要参数

违约金比例	20	%	贷款额倍数	3	倍
产品折价率	100	%	原料折价率	80	%
长贷利率	10	%	短贷利率	5	%
1，2期贴现率	10	%	3，4期贴现率	12.5	%
初始现金	700	W	管理费	10	W
信息费	6	W	所得税率	25	%
最大长贷年限	5	年	最小得单广告额	10	W
原料紧急采购倍数	2	倍	产品紧急采购倍数	3	倍
选单时间	60	秒	首位选单补时	15	秒
市场同开数量	2		市场老大	○有 ◉无	
竞拍时间	90	秒	竞拍同拍数	3	

信息确认

提请注意：①每市场每产品选单时第一个队选单时间为 75 秒，自第二个队起，选单时间设为 60 秒。②初始资金为 700W。③信息费每队 6W/次，即交 6W 可以查看一队企业信息，交费企业以 EXCEL 表格形式获得被间谍企业详细信息。④间谍无法看到对手的选单情况。

16. 竞赛排名

完成预先规定的经营年限，将根据各队的最后分数进行评分，分数高者为优胜。

总成绩=所有者权益×（1+企业综合发展潜力÷100）-罚分

企业综合发展潜力如下：

项目	综合发展潜力系数
自动线	+8/条
柔性线	+10/条
本地市场开发	+7
区域市场开发	+7
国内市场开发	+8
亚洲市场开发	+9
国际市场开发	+10
ISO 9000	+8
ISO 14000	+10
P1 产品开发	+7
P2 产品开发	+8
P3 产品开发	+9
P4 产品开发	+10
P5 产品开发	+11
大厂房	+10
中厂房	+8
小厂房	+7

提请注意：①如有若干队分数相同，则最后一年在系统中先结束经营（而非指在系统中填制报表）者排名靠前。②生产线建成即加分，无须生产出产品，也无须有在制品。超级手工线、租赁线无加分。

17. 罚分规则

（1）运行超时扣分

运行超时有两种情况：一是指不能在规定时间完成广告投放（可提前投广告）；二是指不能在规定时间完成当年经营（以点击系统中“当年结束”按钮并确认为准）。

处罚：按总分 30 分/分钟（不满 1 分钟算 1 分钟）计算罚分，最多不能超过 10 分钟。如果 10 分钟后还不能完成相应的运行，将取消其参赛资格。

提请注意：投放广告时间、完成经营时间及提交报表时间系统均会记录，作为扣分依据。

（2）报表错误扣分

必须按规定时间在系统中填制资产负债表，如果上交的报表与系统自动生成的报表对照有误，在总得分中扣罚 80 分/次，并以系统提供的报表为准修订。

注意：对上交报表时间会做规定，延误交报表即视为错误一次，即使后来在系统中填制正确也要扣分。由运营超时引发延误交报表视同报表错误并扣分。

（3）摆盘错误经裁判核实扣 100 分/次。

（4）其他违规扣分

在运行过程中下列情况属违规：①对裁判正确的判罚不服从。②在比赛期间擅自到其他赛场走动。③指导教师擅自进入比赛现场。④其他严重影响比赛正常进行的活动。

如有以上行为者，视情节轻重，扣除该队总得分的 200～500 分。

（5）严重违规扣分

参赛队伍在比赛进行中严重违反赛会规定，违背公平竞赛原则，干扰比赛进行，将视情况扣罚 500 分，情节严重直接取消比赛资格。

注意：裁判组有最终裁决权，在比赛期间（从比赛开始到颁奖结束）不接受指导教师提交的比赛相关申诉。比赛时间以服务器时间为准。

18. 破产处理

当参赛队权益为负（指当年结束系统生成资产负债表时权益为负）或现金断流时（权益和现金可以为零），企业破产。参赛队破产后，直接退出比赛。

19. 操作要点

生产线转产、下一批生产、出售生产线均在相应生产线上直接操作。

应收款收回由系统自动完成，不需要各队填写收回金额。

只显示可以操作的运行图标。

选单时必须注意各市场状态（正在选单、选单结束、无订单），选单时各队需要点击相应“市场”按钮，一个市场选单结束，系统不会自动跳到其他市场。界面如下：

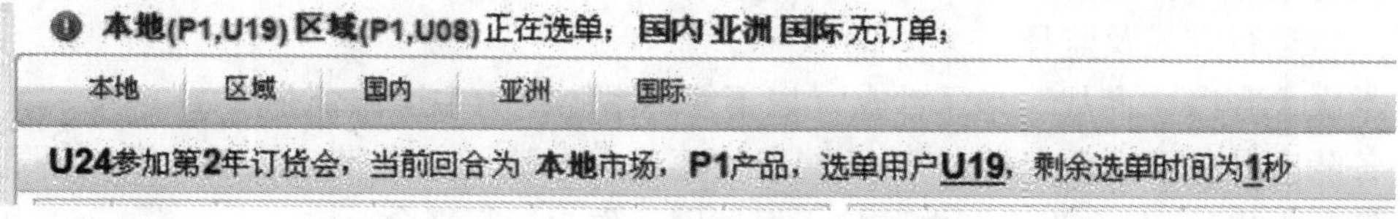

20. 系统整体操作界面

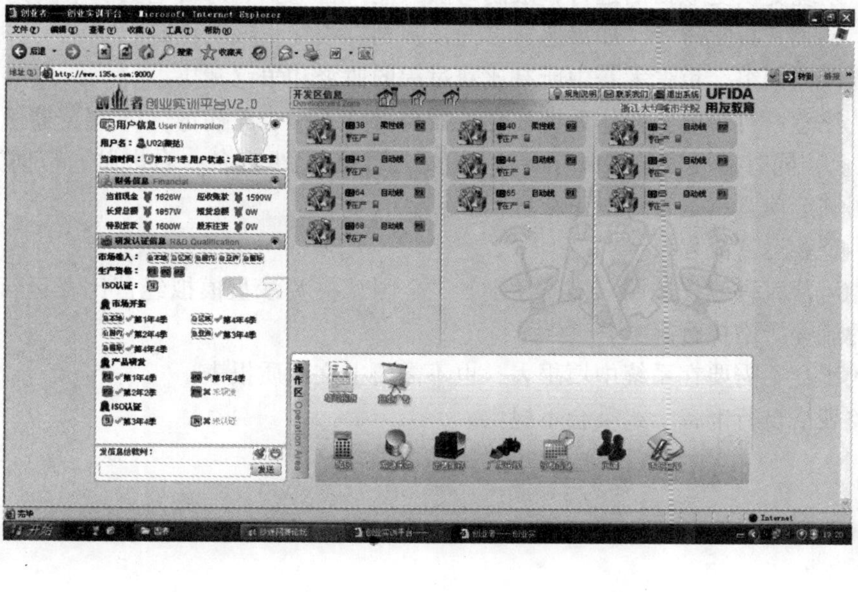

21. 关于摆盘和巡盘

参照2012年国赛规则相关部分。巡盘期间，选手在每个参赛队停留时间不得超过2分钟。

辽宁省普通本科高等学校“用友新道杯”沙盘模拟经营大赛组委会

2013年7月

附录2 2012年第八届全国大学生“用友杯”沙盘模拟经营大赛全国总决赛经营规则

一、参赛队

每支参赛队有5名队员，分工如下：总经理、财务总监、营销总监、采购总监、生产总监。

提请注意：

（1）带队老师不允许入场。

（2）比赛期间，所有参赛队员不得使用手机与外界联系，电脑仅限于作为系统运行平台，可以自制一些工具，但不得登录Internet与外界联系，否则取消参赛资格。

（3）每个代表队允许有一台电脑连接服务器。

（4）比赛时间以本赛区所用服务器时间为准。

（5）比赛模拟经营6年。

二、运行方式及监督

本次大赛以“商战”电子沙盘（以下简称系统）为主运作企业。

各队应具备至少2台具有RJ45网卡的笔记本电脑（并自带接线板、纸、铅笔、橡皮、经营表格），只允许一台电脑接入局域网，作为运行平台。

为了系统更快更顺畅的运行，限制每队只能一台电脑、每台电脑一个浏览器接入比赛系统，请大家自觉遵守，如果恶意多开，裁判有权终止该队比赛。

大赛设裁判组，负责大赛中所有比赛过程的监督和争议裁决。

提请注意：自带电脑操作系统和浏览器要保持干净、无病毒，IE浏览器版本在6.0（含）以上，同时需要安装flash player插件。请各队至少多备一台电脑，以防万一。使用前请测试选单竞单是否可以正常进行。

三、企业运营流程

企业运营流程建议按照《竞赛手册》“全国总决赛沙盘模拟经营比赛运营流程表”中列示的流程严格执行。

本次比赛不需要在系统中填报表，也不需要上交纸质报表。

各类表格自行准备，组委会不提供。

四、竞赛规则

1. 生产线

生产线	购置费	安装周期	生产周期	总转产费	转产周期	维护费	残值
手工线	35W	无	2Q	0	无	5W/年	5W
租赁线	0	无	1Q	20W	1Q	60W/年	-100W
自动线	150W	3Q	1Q	20W	1Q	20W/年	30W
柔性线	200W	4Q	1Q	0	无	20W/年	40W

不论何时出售生产线，从生产线净值中取出相当于残值的部分计入现金，净值与残值之差计入损失；只有空的并且已经建成的生产线方可转产；当年建成的生产线、转产中生产线都要交维护费；生产线不允许在不同厂房移动。

租赁线不需要购置费，不用安装周期，不提折旧，维护费可以理解为租金；其在出售时（可理解为退租），系统将扣 100W/条的清理费用，计入损失；该类生产线不计小分。手工线不计小分。

2. 折旧（平均年限法）

生产线	购置费	残值	建成第一年	建成第二年	建成第三年	建成第四年	建成第五年
手工线	35W	5W	0	10W	10W	10W	
自动线	150W	30W	0	30W	30W	30W	30W
柔性线	200W	40W	0	40W	40W	40W	40W

当年建成的生产线当年不提折旧，当净值等于残值时生产线不再提折旧，但可以继续使用。

3. 融资

贷款类型	贷款时间	贷款额度	年息	还款方式
长期贷款	每年年初	所有长贷与短贷之和不能超过上年权益的3倍	10%	年初付息，到期还本；每次贷款为不小于10整数
短期贷款	每季度初		5%	到期一次还本付息；每次贷款为不小于10整数
资金贴现	任何时间	视应收款额	10%（1、2季），12.5%（3、4季）	变现时贴息，可对1、2季应收款联合贴现（3、4季同理）
库存拍卖	原材料8折，成品按成本价			

提请注意：长贷利息计算是所有不同年份长贷加总再乘以利率，然后四舍五入计算。短贷利息是按每笔短贷分别计算。

4. 厂房

厂房	买价	租金	售价	容量	
大厂房	440W	44W/年	440W	4 条	厂房出售得到4个账期的应收款，紧急情况下，可厂房贴现（4季贴现），直接得到现金，如厂房中有生产线，同时要扣租金
中厂房	300W	30 W/年	300W	3 条	
小厂房	180W	18W/年	180W	2 条	

每季均可租或买，租满1年的厂房在满年的季度（如第二季租的，则在以后各年第二季为满年，可进行处理），需要用“厂房处理”进行“租转买”、“退租”（当厂房中没有任何生产线时）等处理，如果未加处理，则原来租用的厂房在满年季末时自动续租；租用的厂房不提折旧；生产线不允许在不同厂房间移动。

厂房使用可以任意组合，但总数不能超过4个；如租4个小厂房或买4个大厂房或租1个大厂房买3个中厂房。

5. 市场准入

市场	开发费	时间	
本地	10W/年	1 年	开发费用按开发时间在年末平均支付，不允许加速投资，但可中断投资；市场开发完成后，领取相应的市场准入证
区域	10W/年	1 年	
国内	10W/年	2 年	
亚洲	10W/年	3 年	
国际	10W/年	4 年	

无须交维护费，中途停止使用，也可继续拥有资格并可以在以后年份使用。市场开拓，只有在第四季度可以操作。

6. 资格认证

认证	ISO 9000	ISO 14000	开发费用按开发时间在年末平均支付，不允许加速投资，但可中断投资；ISO 开发完成后，领取相应的认证
时间	2 年	2 年	
费用	10W/年	15W/年	

无须交维护费，中途停止使用，也可继续拥有资格并可以在以后年份使用。ISO 认证开拓，只有在第四季度可以操作。

7. 产品开发

名称	开发费用	开发周期	加工费	直接成本	产品组成
P1	10W/季	2 季	10W/个	20W/个	R1
P2	10W/季	3 季	10W/个	30W/个	R2+R3
P3	10W/季	4 季	10W/个	40W/个	R1+R3+R4
P4	10W/季	5 季	10W/个	50W/个	R2+R3+P1（注意 P1 为中间品）

8. 原料

名称	购买价格	提前期
R1	10W/个	1季
R2	10W/个	1季
R3	10W/个	2季
R4	10W/个	2季

9. 紧急采购

付款即到货，原材料价格为直接成本的2倍，成品价格为直接成本的3倍。

紧急采购原材料和产品时，直接扣除现金。上报报表时，成本仍然按照标准成本记录，紧急采购多付出的成本计入费用表损失项。

10. 选单规则

投5W广告费有一次选单机会，每增加10W多一次机会，如果投小于5W的广告费则无选单机会，但仍扣广告费，对计算市场广告总额有效。广告费投放额度可以为6W、7W。投广告费，只有裁判宣布的最晚时间，没有最早时间，即你在系统经营结束后可以马上投广告。

市场老大在该市场所有产品有优先选单权；然后以本市场本产品广告费总额投放大小顺序依次选单；如果两队本市场本产品广告费总额相同，则看本市场广告费投放总额；如果本市场广告费总额也相同，则看上年本市场销售排名；如仍无法决定，先投广告者先选单。第一年无订单。

选单时，两个市场同时开单，各队需要同时关注两个市场的选单进展，其中一个市场先结束，则第三个市场立即开单，即任何时候都会有两个市场同开，除非到最后只剩下一个市场选单未结束。如某年有本地、区域、国内、亚洲4个市场有选单，则系统将本地、区域市场同时放单，各市场按P1、P2、P3、P4顺序独立放单，若本地市场选单结束，则国内市场立即放单，此时区域、国内两个市场保持同开，紧接着区域市场选单结束，则亚洲市场立即放单，即国内、亚洲两个市场同开。选单时各队需要点击相应"市场"按钮，一个市场选单结束，系统不会自动跳到其他市场。

提请注意：①出现确认框要在倒计时时间大于5秒时按下确认按钮，否则可能造成选单无效。②在某细分市场（如本地、P1）有多次选单机会，只要放弃一次，则视同放弃该细分市场所有选单机会。③本次比赛有市场老大。④破产队可以参加选单，并且市场老大有效。⑤市场老大指在该市场上年销售额最高且无违约。若有多个队满足则市场老大随机或者没有。

11. 竞拍会（系统一次同时放3张订单同时竞拍，并显示所有订单，竞单年份随市场预测同时公布）

参与竞拍的订单标明了订单编号、市场、产品、数量、ISO要求等，而总价、交货期、账期3项为空。竞拍订单的相关要求说明如下：

竞拍会的单子中，价格、交货期、账期都是根据各个队伍的情况自己填写选择的，系统默认的总价是成本价，交货期为1期交货，账期为4账期，如要修改需要手工修改。

（1）投标资质

参与投标的公司需要有相应市场、ISO 认证的资质，但不必有生产资格。

中标的公司需为该单支付 5W 标书费，在竞拍会结束后一次性扣除，计入广告费里面。

如果（已竞得单数+本次同时竞单数）×5 >现金余额，则不能再竞拍，即必须有一定库存现金作为保证金。如同时竞 3 张订单，库存现金为 28W，已经竞得 3 张订单，扣除了 15W 标书费，还剩余 13W 库存现金，则不能继续参与竞单，因为万一再竞得 3 张订单，13W 库存现金不足支付标书费 15W。

为防止恶意竞单，对竞得订单张数进行限制，如果某队已竞得单张数>ROUND（3×该年竞单总张数/参赛队数），则不能继续竞单。

提请注意：①ROUND 表示四舍五入。②如上式为等于，可以继续参与竞单。③参赛队数指经营中的队伍，若破产继续经营算在其内，则破产退出经营不算在其内。如某年竞单，共有 40 张订单，20 队（含破产继续经营）参与竞单，当一队已经得到 7 张单，因为 7>ROUND（3×40/20），所以不能继续竞单；但如果已经竞得 6 张，可以继续参与。

（2）投标

参与投标的公司须根据所投标的订单，在系统规定时间（90 秒，以倒计时秒形式显示）填写总价、交货期、账期 3 项内容，确认后由系统按照：

得分＝100+（5－交货期）×2+应收款账期－8×总价/（该产品直接成本×数量）

以得分最高者中标。如果计算分数相同，则先提交者中标。

提请注意：①总价不能低于（可以等于）成本价，也不能高于（可以等于）成本价的 3 倍。②必须为竞单留足时间，如在倒计时时间小于等于 5 秒再提交，可能无效。③竞得订单与选中订单一样，算市场销售额，对计算市场老大有效。④竞单时不允许紧急采购，不允许市场间谍。⑤破产队不可以参与投标竞单。

12. 订单违约

订单必须在规定季或提前交货，应收款账期从交货季开始算起。应收款收回系统自动完成，不需要各队填写收回金额。

13. 取整规则（均精确或舍到个位整数）

（1）违约金扣除——四舍五入（每张单分开算）。（2）库存拍卖所得现金——四舍五入。（3）贴现费用——向上取整。（4）扣税——四舍五入。（5）长短贷利息——四舍五入。

14. 特殊费用项目

库存折价拍卖、生产线变卖、紧急采购、订单违约计入其他损失；增减资计入股东资本或特别贷款（均不算所得税）。

提请注意：增资只适用于破产队。

15. 重要参数

违约金比例	20	%	贷款额倍数	3	倍
产品折价率	100	%	原料折价率	80	%
长贷利率	10	%	短贷利率	5	%
1，2期贴现率	10	%	3，4期贴现率	12.5	%
初始现金	600	W	管理费	10	W
信息费	1	W	所得税率	25	%
最大长贷年限	5	年	最小得单广告额	5	W
原料紧急采购倍数	2	倍	产品紧急采购倍数	3	倍
选单时间	40	秒	首位选单补时	25	秒
市场同开数量	2		市场老大	◉ 有 ○ 无	
竞拍时间	90	秒	竞拍同拍数	3	

信息确认

提请注意：①每市场每产品选单时第一个队选单时间为65秒，自第二个队起，选单时间设为40秒。②初始资金为600W。③信息费每次交1W可以查看一队企业信息，交费企业以EXCEL表格形式获得被间谍企业详细信息。④间谍无法看到对手的选单情况。

16. 竞赛排名

完成预先规定的经营年限，将根据各队的最后分数进行评分，分数高者为优胜。

总成绩=所有者权益×（1+企业综合发展潜力/100）–罚分+市场老大得分

企业综合发展潜力如下：

项目	综合发展潜力系数
自动线	+8/条
柔性线	+10/条
本地市场开发	+7
区域市场开发	+7
国内市场开发	–8
亚洲市场开发	+9
国际市场开发	+10
ISO 9000	+8
ISO 14000	+10
P1 产品开发	+7
P2 产品开发	+8
P3 产品开发	+9
P4 产品开发	+10

提请注意：①如有若干队分数相同，则最后一年在系统中先结束经营者排名靠前。②生产线建成即加分，无须生产出产品，也无须有在制品。手工线、租赁线、厂房无加分。③市场老大不计入综合发展潜力系数，单独算分，得一个第二、三、四、五年市场老大加 50 分，得一个第六年市场老大加 100 分。

17. 罚分规则

（1）运行超时扣分

运行超时有两种情况：一是指不能在规定时间完成广告投放（可提前投广告）；二是指不能在规定时间完成当年经营（以点击系统中“当年结束”按钮并确认为准）。

处罚：按总分 20 分/分钟（不满 1 分钟算 1 分钟）计算罚分，最多不能超过 10 分钟。如果 10 分钟后还不能完成相应的运行，将取消其参赛资格。

（2）其他违规扣分

在运行过程中下列情况属违规：①对裁判正确的判罚不服从。②在比赛期间擅自到其他赛场走动。③指导教师擅自进入比赛现场。④其他严重影响比赛正常进行的活动。

如有以上行为者，视情节轻重，扣除该队总得分的 200 ~ 500 分。

18. 破产处理

当参赛队权益为负（指当年结束系统生成资产负债表时权益为负）或现金断流时（权益和现金可以为零），企业破产。参赛队破产后，由裁判视情况适当增资后继续经营。破产队不参加有效排名。为了确保破产队不过多影响比赛的正常进行，限制破产队每年用于广告费投放总额不能超过 30W，不允许参加竞单。

19. 操作要点

生产线转产、下一批生产、出售生产线均在相应生产线上直接操作。

应收款收回由系统自动完成，不需要各队填写收回金额。

只显示可以操作的运行图标。

选单时必须注意各市场状态（正在选单、选单结束、无订单），选单时各队需要点击相应“市场”按钮，一个市场选单结束，系统不会自动跳到其他市场。界面如下：

20. 系统整体操作界面

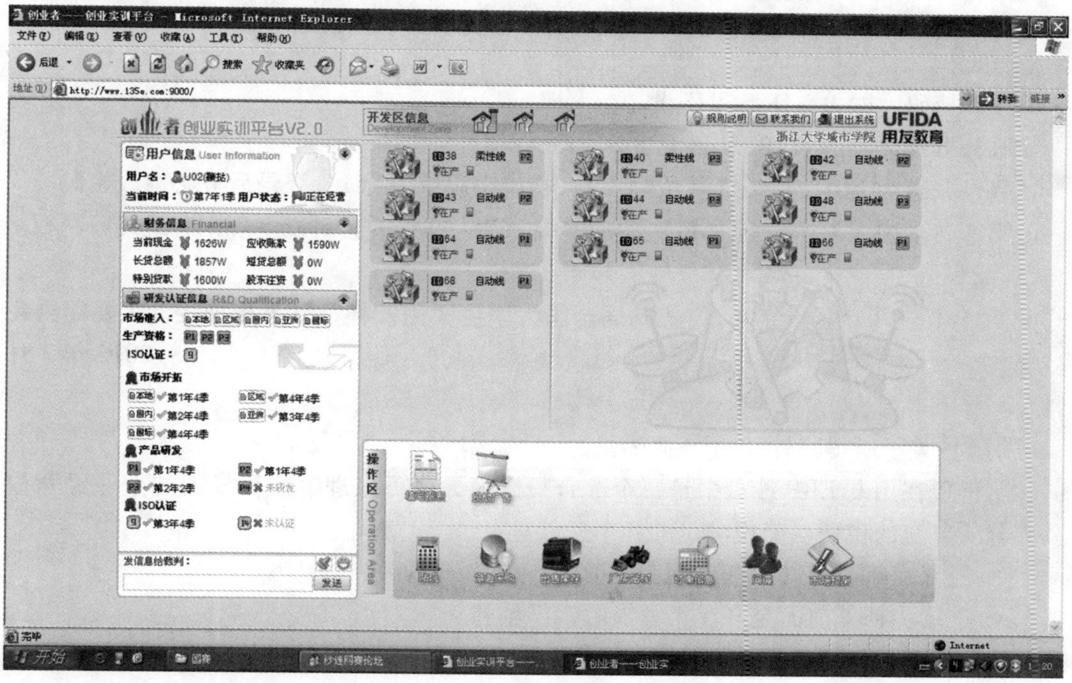

21. 关于摆盘和巡盘

本次大赛过程中使用卡片摆盘，只需要摆出当年结束状态，中间过程不要求。本次摆盘只要求摆出生产线（含在制品）、在建工程、现金、应收款（包括金额与账期）、原料库存、产成品库存、各种资格；不需要摆厂房、各类费用、原料订单；年末由裁判统一发令，可观看对手的盘面和电脑屏幕，并可要求对方点开任何信息，且不允许拒绝。巡盘期间至少留一人在本组。不允许操作对手电脑。巡盘过程中不允许拍照，否则取消比赛资格。

提请注意：

①现金及应收款——在空白卡片手工填写金额，放在相应位置。

②原料及产品库存——在标识上手工填写数量，放在仓库。

③在建工程——将投资金额放在生产线上（背面朝上），在生产线上手工标出所生产产品。

④生产线净值——手工填写空白卡片放净值处。

⑤在制品——用产品标识放置于生产线相应生产周期处。

⑥各类资格——投入完成摆上相应资格卡片，中间投入金额不用摆。

⑦如遇卡片不够用，可自行参照用小纸片代替，所有填写用铅笔。

22. 网络设置、服务器地址及登录注意事项

一队分配一个 IP，根据所分配的队号设置。如队号为 U01，则 IP 为 192.168.0.101，以此类推。请在本地连接中设置，如下图所示（考虑操作系统区别，IP 设置略有不同，请各队提前学会如何设置 IP，比赛时不负责指导）：

子网掩码、网关、DNS 可不设。

服务器地址统一为 192. 168. 0. 8

登录账号为 U01、U02 等（大写 U），初始密码统一为 1，登录后务必修改密码。

第八届全国大学生“用友杯”沙盘模拟经营大赛组委会对以上规则有最终解释权。

第八届全国大学生“用友杯”沙盘模拟经营大赛组委会

2012 年 7 月

附 1：关于所得税计算的详细方法

所得税在用友 ERP 沙盘中是一个综合概念，大概可以理解成你模拟的企业经营盈利部分所要交的税费。交税满足的几个条件是：

- 经营当年盈利（税前利润为正）。
- 连续弥补了前面至多 5 年亏损后，仍盈利。

以利润表为计算依据最为清晰，下面以实例说明。

所得税计算 1　　单位：W

年份	第一年	第二年	第三年	第四年	第五年	第六年
税前利润	-10	50	-20	-30	40	130
所得税	0	10	0	0	0	30
年度净利润	-10	40	-20	-30	40	100

第一年亏损当然不交，第二年盈利 50W，补了第一年亏损后盈利 40W，税率为 25%，则所得税为 10W。第三、四年亏损，不交税，第五年盈利，但不足以弥补第三、四年亏损，故不交税。此处要注意，第一年虽然亏损，但在第二年已经弥补，所以第五年不需要再次弥补第一年亏损。第六年盈利，需要与未交税的第三、四、五年累计计算应税利润，为（-20）+（-30）+40+130＝120W，所得税为 30W。

总之，从当年开始，与前面连续无所得税年份（最多 5 年）的税前利润累加，得到应税利润，若大于零，则有所得税。

系统中只取整数，对小数如何处理呢？下面以两个例子说明。

所得税计算 2　　单位：W

年度	第一年	第二年	第三年	第四年
税前利润	-160	50	111	5
所得税	0	0	0	2
年度净利润	-160	50	111	3

第三年累计税前利润为 1 W，应税利润为 1 W，所得税为 0. 25 W，四舍五入，当

年不交。由于第三年没有交，则当年1 W应税利润要累计到下年，第四年税前利润为5 W，应税利润为6 W，四舍五入，所得税为2 W。

所得税计算3

单位：W

年度	第一年	第二年	第三年	第四年
税前利润	-160	50	115	5
所得税	0	0	1	1
年度净利润	-160	50	114	4

第三年累计税前利润为5W，应税利润为5W，所得税为1.25W，四舍五入为1W。由于第三年交了税，则当年的1W未交应税利润不要累计到下年，第四年税前利润为5W，应税利润为5W，所得税为1W。

从以上两例看出，即使有小数，还是符合以下原则：从当年开始，与前面连续无所得税年份（最多5年）的税前利润累加，得到应税利润，若大于零，则有所得税。

附2：全国总决赛沙盘模拟经营比赛运营流程表

全国总决赛沙盘模拟经营比赛运营流程表

操作顺序	手工操作流程	系统/手工操作
年初	新年度规划会议	
	广告投放	输入广告费确认
	参加订货会选单/登记订单	选单
	参加竞拍会/登记订单	竞单，扣除标书费
	支付应付税	系统自动
	支付长贷利息	系统自动
	更新长期贷款/归还长期贷款	系统自动
	申请长期贷款	输入贷款额并确认
1	季初盘点	
2	更新短期贷款/短期贷款还本付息	系统自动
3	申请短期贷款	输入贷款额并确认
4	原材料入库/更新原料订单	需要确认金额
5	下原料订单	输入并确认
6	购买/租用厂房	选择并确认，自动扣现金
7	更新生产/完工入库	系统自动
8	新建/在建/转产/租赁/变卖生产线	选择并确认
9	紧急采购原料（随时）	随时进行输入并确认
10	开始下一批生产	选择并确认

续表

操作顺序	手工操作流程	系统/手工操作
11	更新应收款/应收款收现	系统自动
12	紧急采购产成品（随时）	随时进行输入并确认
13	按订单交货	选择交货订单确认
14	产品研发投资	选择并确认
15	厂房-出售（买转租）/退租/租转买	选择确认，自动转应收款
16	新市场开拓/ISO 资格投资	仅第四季度允许操作
17	支付管理费/更新厂房租金	系统自动
18	出售库存	输入并确认（随时进行）
19	厂房贴现	随时
20	应收款贴现	输入并确认（随时进行）
21	季末盘点	
年末	缴纳违约订单罚款	系统自动
	支付设备维护费	系统自动
	计提折旧	系统自动
	新市场/ISO 资格换证	系统自动
	结账	在系统中填制报表，手工摆盘

2012 年大赛平台与规则点评：

看似 2012 年大赛规则与 2011 年及以前的大赛规则变化很大，实则不然。本次大赛第一次以“商战”电子沙盘取代“创业者”电子沙盘为比赛平台，但本质并无变化。最明显的感觉是资金计量单位由 M（百万）变为 W（万）后，数字变大了。其余变化与 2011 年及以前的规则变化大同小异。其影响参见 2011 年大赛规则后的大赛规则变化简评。

附录 3　2011 年第七届全国大学生“用友杯”沙盘模拟经营大赛辽宁赛区决赛规则

一、参赛队

每支参赛队 5 名队员，分工如下：总经理、财务总监、营销总监、采购总监、生产总监。

提请注意：

（1）带队老师不允许入场。

（2）比赛期间，所有参赛队员不得使用手机与外界联系，电脑仅限于作为创业者运行平台，可以自制一些工具，但不得登录 Internet 与外界联系，否则取消参赛资格。

（3）每个代表队只允许有一台电脑连接服务器。

（4）比赛时间以本赛区所用服务器时间为准。

二、运行方式及监督

本次大赛采用“创业者”电子沙盘（以下简称“创业者”）与实物沙盘相结合的方式运作企业，所有运作必须在“创业者”模拟平台上记录，手工沙盘只作为辅助运作工具。

考虑到商业情报的获取，每年运行完成后，必须按照当年年末结束状态，将运行结果摆在手工沙盘上，以便现场各队收集情报用。

各队应具备至少一台具有 RJ45 网卡的笔记本电脑，作为创业者运行平台，并安装录屏软件。在比赛过程中，学生端必须启动录屏软件，用于全程录制经营过程，建议每一年经营录制为一个独立的文件。一旦发生问题，以录屏结果为证，裁决争议。如果擅自停止录屏过程，按“系统”的实际运行状态执行。关于“创业者”的操作说明可在 http：//www. 135e. com/Download/下载（前台使用说明），录屏软件请自行去相关网站下载并提前学会使用，比赛期间组委会不负责提供。

大赛设裁判组，负责大赛中所有比赛过程的监督和争议裁决。

提请注意：自带电脑操作系统和 IE 浏览器要保持干净、无病毒，操作系统为 WINDOWS XP，IE 浏览器版本在 6. 0（含）以上，同时需要安装 flash player 插件。请各队至少多备一台电脑，以防万一。

三、企业运营流程

企业运营流程须按照《竞赛手册》“经营记录表”中列示的流程严格执行。CEO 按照“经营记录表”中指示的顺序发布执行指令，每项任务完成后，CEO 须在任务后对应的方格中打勾。

每年经营结束后，各参赛队需提交综合费用明细表、利润表和资产负债表。

注：参赛队在 6 年经营中不允许申请还原操作！

（2010 年大赛，参赛队在 6 年经营中只允许申请一次还原操作！）

四、竞赛规则

1. 生产线

生产线	购置费	安装周期	生产周期	总转产费	转产周期	维修费	残值
手 手工线	5M	无	3Q	0M	无	1M/年	1M
自 自动线	15M	3Q	1Q	2M	1Q	2M/年	3M
柔 柔性线	20M	4Q	1Q	0M	无	2M/年	4M

不论何时出售生产线，从生产线净值中取出相当于残值的部分计入现金，净值与残值之差计入损失；只有空的并且已经建成的生产线方可转产；当年建成的生产线、转产中生产线都要交维护费；凡已出售的生产线和新购正在安装的生产线不交维护费。

【规则对比】　　　　　　　　**2009 年规则**

2009 年大赛有半自动生产线，2010 年就没有了。半自动生产线的相关信息如下：

生产线	购置费	安装周期	生产周期	总转产费	转产周期	维护费	残值
半自动	10M	2Q	2Q	1M	1Q	1M/年	2M

2. 折旧（平均年限法）

生产线	购置费	残值	建成第一年	建成第二年	建成第三年	建成第四年	建成第五年
手工线	5M	1M	0	1M	1M	1M	1M
自动线	15M	3M	0	3M	3M	3M	3M
柔性线	20M	4M	0	4M	4M	4M	4M

当年建成的生产线当年不提折旧，当净值等于残值时生产线不再提折旧，但可以继续使用。

【规则对比】　　　　　　　　**2009 年规则**

2009 年半自动生产线折旧表。

生产线	购置费	残值	建成第一年	建成第二年	建成第三年	建成第四年	建成第五年
半自动	10M	2M	0	2M	2M	2M	2M

3. 融资

贷款类型	贷款时间	贷款额度	年息	还款方式
长期贷款	每年年初	所有长短期贷款总和不超过上年权益的 3 倍	10%	年初付息，到期还本；每次贷款为 10 的倍数
短期贷款	每季度初		5%	到期一次还本付息；每次贷款为 20 的倍数
资金贴现	任何时间	视应收款额	10%（1、2 季），12.5%（3、4 季）	变现时贴息，可对 1、2 季应收款联合贴现（3、4 季同理）
库存拍卖	原材料 8 折，成品按成本价			

贷款规则：

（1）长期贷款每年必须归还利息，到期还本，本利双清后，如果还有额度时，才允许重新申请贷款，即如果有贷款需要归还，同时还拥有贷款额度时，必须先归还到期的贷款，才能申请新贷款，不能以新贷还旧贷（续贷），短期贷款也按本规定执行。

（2）年度结束时，不要求归还没有到期的各类贷款。

（3）长期贷款最多可贷5年。

（4）所有的贷款不允许提前还款。

（5）企业间不允许私自融资，只允许企业向银行贷款，银行不提供高利贷。

4. 厂房

厂房	买价	租金	售价	容量	
大厂房	40M	5M/年	40M	6条	厂房出售得到4个账期的应收款，紧急情况下可厂房贴现（4季贴现），直接得到现金，如厂房中有生产线，同时要扣租金
小厂房	30M	3M/年	30M	4条	

每季均可租或买，租满1年的厂房在满期的季度（如第二季租的，则在以后各年第二季为满年，可进行处理），需要用“厂房处置”进行“租转买”、“退租”（当厂房中没有任何生产线时）等处理，如果未加处理，则原来租用的厂房在满年季末时自动续租；租用的厂房不提折旧；生产线不允许在不同厂房间移动。

厂房贴现注意事项：

（1）如果无生产线，现金额等于卖出价进行4Q账期应收款贴现。

（2）如果有生产线，卖出价进行4Q账期应收款贴现后，再扣除厂房租金（例如：出售有生产线的大厂房，40M应收款转为现金30M，贴现费用5M，租金5M；小厂房则为30M应收款转为现金23M，贴现费用4M，租金3M）。

（3）“系统”自动全部贴现，不允许部分贴现。

5. 市场准入

市场	开发费	时间	
本地	1M/年	1年	开发费用按开发时间在年末平均支付，不允许加速投资；市场开发完成后，领取相应的市场准入证
区域	1M/年	1年	
国内	1M/年	2年	
亚洲	1M/年	3年	
国际	1M/年	4年	

无须交维护费，中途停止使用，也可继续拥有资格并可以在以后年份使用。

6. 资格认证

认证	ISO 9000	ISO 14000	
时间	2年	3年	平均支付，认证完成后可以领取相应的ISO资格证；可中断投资
费用	1M/年	1M/年	

无须交维护费，中途停止使用，也可继续拥有资格并可以在以后年份使用。

【规则对比】 **2009、2010 年规则**

2009、2010 年大赛 ISO 14000 认证时间为 2 年，认证费用为 2M/年。余同。

7. 产品开发

名称	开发费用	开发周期	加工费	直接成本	产品组成
P1	1M/季	3 季	1M/个	3M/个	R1
P2	1M/季	5 季	1M/个	5M/个	R2+R3
P3	2M/季	4 季	1M/个	8M/个	P1+R3
P4	2M/季	5 季	1M/个	10M/个	P2+R4

产品开发可以中断或终止，但不允许超前或集中投入。已投资的开发费不能回收。如果开发没有完成，“系统”不允许开工生产。

生产 P3 必须用 P1 产品作为原料；生产 P4 必须用 P2 产品作为原料。

【规则对比】 **2010 年规则**

名称	开发费用	开发周期	加工费	直接成本	产品组成
P1	1M/季	2 季	1M/个	2M/个	R1
P2	1M/季	3 季	1M/个	3M/个	R2+R3
P3	1M/季	4 季	1M/个	4M/个	R1+R3+R4
P4	1M/季	5 季	1M/个	5M/个	R2+R3+2R4

【规则对比】 **2009 年规则**

名称	开发费用	开发周期	加工费	直接成本	产品组成
P1	1M/季	2 季	1M/个	2M/个	R1
P2	1M/季	4 季	1M/个	3M/个	R2+R3
P3	1M/季	6 季	1M/个	4M/个	R1+R3+R4
P4	2M/季	6 季	2M/个	5M/个	P1+R4

注意：P4 产品组成的变化，P1+R4，加工费 2M/个，但直接成本不变。因要用到自己生产的 P1 产品，在测算利润率时要考虑到这种因素。

8. 原料

名称	购买价格	提前期
R1	1M/个	1 季
R2	1M/个	1 季
R3	1M/个	2 季
R4	1M/个	2 季

规则说明：

（1）没有下订单的原材料不能采购入库。

（2）所有下订单的原材料到期必须采购入库。

（3）原材料采购入库时必须支付现金。

（4）“系统”中每季只能操作一次。

9. 紧急采购

付款即到货，原材料价格为直接成本的 2 倍，成品价格为直接成本的 3 倍。

紧急采购原材料和产品时，直接扣除现金。上报报表时，成本仍然按照标准成本记录，紧急采购多付出的成本计入费用表损失项。

10. 交货

交货必须按照以下原则进行：

（1）严格按照订单要求的数量交货。

（2）订单规定的交货期之前交货，如订单规定交货期为第三季度，则可以在当年第三季度以前（含第三季度）交货。

（3）当需要交货时，需要在“系统”上选择要交货的订单，然后按确认交货按钮。

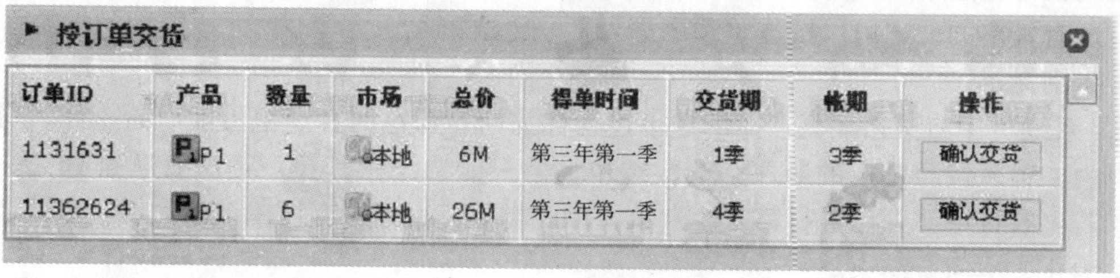
▶ 按订单交货

订单ID	产品	数量	市场	总价	得单时间	交货期	帐期	操作
1131631	P1	1	本地	6M	第三年第一季	1季	3季	确认交货
11362624	P1	6	本地	26M	第三年第一季	4季	2季	确认交货

（4）将出售产品所得应收款按订单上所写账期，放入盘面应收款相应的账期，如果账期为 0，则直接进入现金库。

（5）不能按照以上规则交货的订单，视为违约订单。违约订单将直接被取消，违约订单的违约金，在当年第四季度结束时，按违约订单销售收入的 20% 向下取整计算违约金，并从现金中自动扣除计入损失中。

11. 更新应收款

当运行到“更新应收账款”时，如有应收款到期，则需在“系统”中输入到期应收款数。如果填入的到期数额大于实际应到数额，则“系统”不予通过；如果填入的数额小于应收的数额，“系统”按照实际填写的数额收现（即现金增加），剩余到期未收现的部分，自动计入下一季度应收款。如果没有到期的应收款，也要确认更新，不做此操作，“系统”将无法进入下一步骤。

特别提示：本操作为一次性操作，即确认更新后，本季度不能再次操作，并且将关闭应收款更新之前的操作。

12. 广告费

投入广告费有两个作用：一是获得拿取订单的机会；二是判断选单顺序。

投入 1M 产品广告费，可以获得一次拿取订单的机会（如果不投产品广告就没有选单机会），一次机会允许取得一张订单；如果要获得更多的拿单机会，每增加一个机会需要多投入 2M 产品广告费，比如，投入 3M 产品广告费表示有两次获得订单的机会。

投入 5M 产品广告费则表示有 3 次获得订单的机会……以此类推。无须对 ISO 单独投放广告，“系统”自动判定公司是否有 ISO 资格，确认其能否选有 ISO 要求的订单。

13. 选单流程

（1）各公司将广告费按市场、产品填写在广告发布表中。

（2）产品广告确定公司对订单的需求量。

（3）排定选单顺序，选单顺序依据以下原则确定：

①按照各队在本市场某一产品上投放的广告费的多少，排定选单顺序。

②如果在一个产品投入的广告费相同，按照投入本市场的广告费总额（即 P1、P2、P3 和 P4 的广告费之和），排定选单顺序。

③如果本市场的广告费总额也一样，按照上年本企业在该市场上实现的销售额排名，排定选单顺序。

④如果上年实现的销售额也相同，按照提交广告费的时间先后，排定选单顺序。

（4）“系统”按上述规则自动排出选单顺序，自动分轮次进行选单。排定选单顺序的公司在每轮选单时，只能选择一张订单。当第一轮选单完成后，如果还有剩余的订单，还有资格的公司可以按选单顺序进入下一轮选单。

特别提示：

“系统”中将某市场某产品的选单过程称为回合，每回合选单可能有若干轮，每轮选单中，各队按照排定的顺序，依次选单，但只能选一张订单。当所有队都选完一次后，若再有订单，开始进行第二轮选单，以此类推，直到所有订单被选完或所有队退出选单为止，本回合结束。

当轮到某一公司选单时，“系统”以倒计时的形式，给出本次选单的剩余时间，每次选单的时间上限为 40 秒钟，即在 40 秒内必须做出选择（选择订单或选择放弃），否则“系统”自动视为放弃选择订单。

无论是主动放弃还是超时“系统”放弃，都将视为退出本市场本产品的选单，即在本回合中，不得再选订单。放弃一个产品的选单，不影响本市场其他产品的选单权力。第一年无订单。

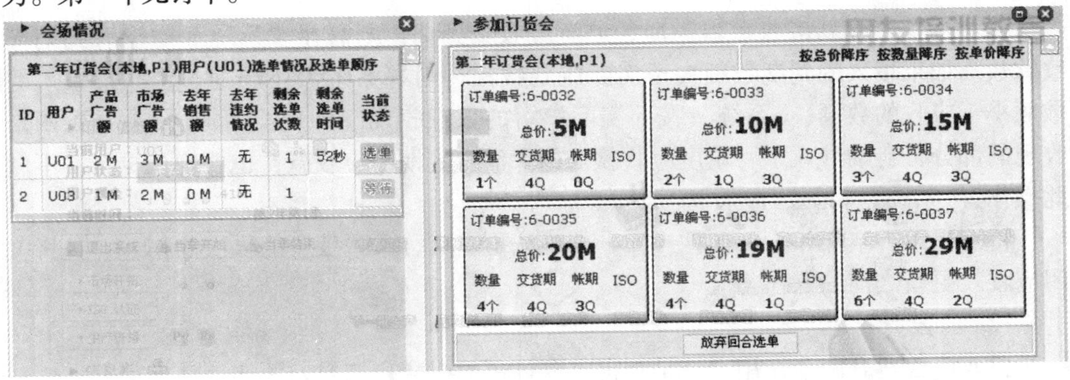

提请注意：

①必须在倒计时时间大于 10 秒时选单，出现确认框要在 3 秒内按下确认按钮，否则可能造成选单无效。

②在某细分市场（如本地、P1）有多次选单机会，只要放弃一次，则视同放弃该细分市场所有选单机会。

【规则对比】　　　　　　　　**2009、2010 年规则**

2009、2010 年大赛有市场老大，市场老大有优先选单权。2011 年大赛首次取消了市场老大。

14. 竞拍会（“系统”一次放 2 张订单同时竞拍，并显示所有订单）

在第四、六年订货会后，召开竞拍会（具体竞拍订单的信息将和市场预测图同时公布）。

参与竞拍的订单标明了订单编号、市场、产品、数量、ISO 要求等，而总价、交货期、账期 3 项为空。竞拍订单的相关要求说明如下：

（1）投标资质。

①参与投标的公司需要有相应市场、ISO 认证的资质。

②中标的公司需为该单支付 1M 标书费，计入广告费，没有中标的公司无须交费用。

③如果已竞得单数+本次同时竞单数>现金余额，则不能再竞拍，即必须有一定库存现金作为保证金。如同时竞 2 张订单，库存现金为 3M，如果竞得了这 2 张订单，扣除了 2M 标书费，还剩余 1M 库存现金，则不能继续参与其他竞单。

（2）投标。

参与投标的公司须根据所投标的订单，在“系统”规定时间（60 秒，以倒计时秒形式显示）填写总价、交货期、账期 3 项内容，确认后由“系统”按照：

得分=100+（5-交货期）×4+应收款账期-总价

以得分最高者中标。如果计算分数相同，则先提交者中标。

提请注意：

①总价不能低于成本价，也不能高于成本价的 3 倍。

②必须为竞单留足时间，如在倒计时时间小于等于 10 秒再提交，可能无效。

竞拍界面：

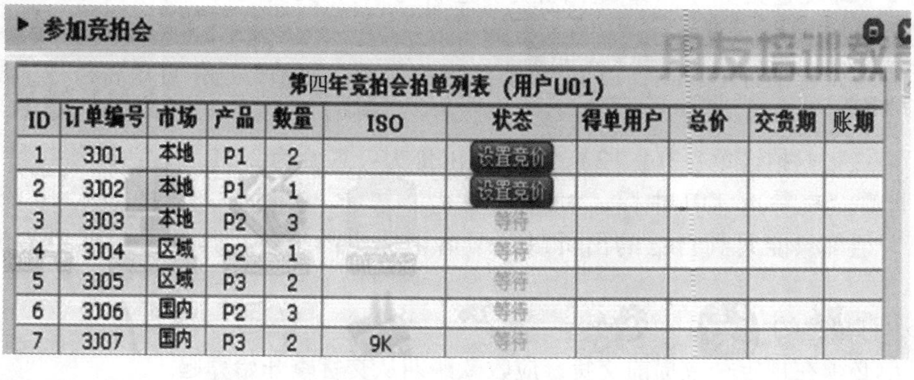

▶ 参加竞拍会

第四年竞拍会拍单列表（用户U01）

ID	订单编号	市场	产品	数量	ISO	状态	得单用户	总价	交货期	账期
1	3J01	本地	P1	2		设置竞价				
2	3J02	本地	P1	1		设置竞价				
3	3J03	本地	P2	3		等待				
4	3J04	区域	P2	1		等待				
5	3J05	区域	P3	2		等待				
6	3J06	国内	P2	3		等待				
7	3J07	国内	P3	2	9K	等待				

每次竞拍 2 张订单，各组要在 60 秒内为这 2 张单同时报价，界面如下：

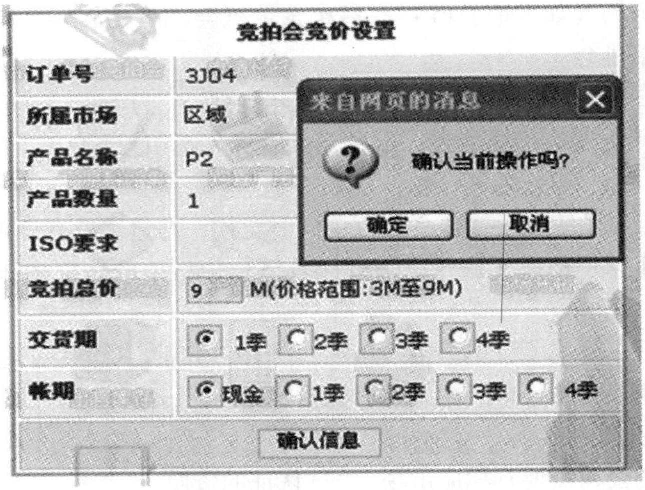

需要填写的内容包含：

竞拍总价（在规定范围内）、交货期（1 季、2 季、3 季、4 季）、账期（现金、1 季、2 季、3 季、4 季）提交后“系统”会自动计算分数，如果两组得分相同，则先提交竞价的组获得该订单。

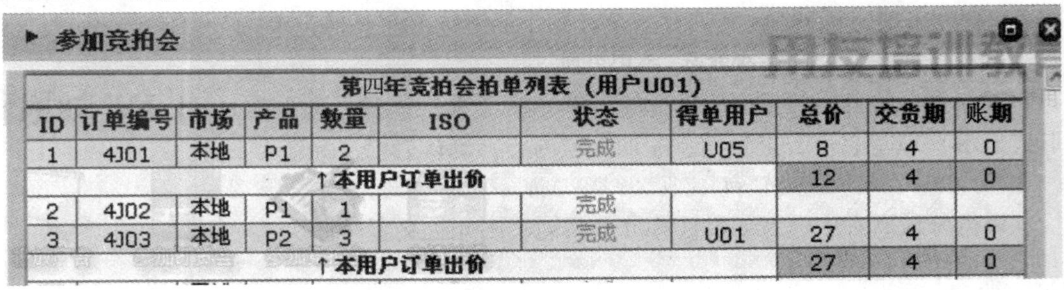
▶ 参加竞拍会

第四年竞拍会拍单列表（用户U01）

ID	订单编号	市场	产品	数量	ISO	状态	得单用户	总价	交货期	账期
1	4J01	本地	P1	2		完成	U05	8	4	0
				↑本用户订单出价				12	4	0
2	4J02	本地	P1	1		完成				
3	4J03	本地	P2	3		完成	U01	27	4	0
				↑本用户订单出价				27	4	0

说明：

①上图中第一张竞拍订单（2 个 P1）。U01 组出价为：总价为 12M，交货期为 4 季，账期为 0（即现金交易）。U05 组出价为：总价为 8M，交货期为 4 季，账期为 0（即现金交易）。所以 U05 中标。

②第二张竞拍订单（1 个 P1）。没有组出价，所以流拍，这张订单将被视为所有组均放弃。

③第三张竞拍订单（3 个 P2）。U01 组出价为：总价为 27M，交货期为 4 季，账期为 0（即现金交易），U01 中标。

每个组都只能看到自己的出价以及最后中标组的报价，其余未中标组的价格看不到！

15. 订单违约

订单必须在规定季或提前交货，应收款账期从交货季开始算起。

16. 取整规则

违约金扣除——向下取整；

库存拍卖所得现金——向下取整；

贴现费用——向上取整；

扣税——向下取整。

17. 特殊费用项目

库存折价拍卖、生产线变卖、紧急采购、订单违约、增减资（增资计损失为负）操作计入其他损失。

18. 重要参数

违约扣款百分比	20	%	最大长贷年限	5	年
库存折价率(产品)	100	%	库存折价率(原料)	80	%
长期贷款利率	10	%	短期贷款利率	5	%
贷款额倍数	3	倍	初始现金(股东资本)	75	M
贴现率(1,2期)	10	%	贴现率(3,4期)	12.5	%
管理费	1	M	信息费	3	M
紧急采购倍数(原料)	2	倍	紧急采购倍数(产品)	3	倍
所得税率	25	%	最大经营年限	6	年
选单时间	40	秒	选单补时时间	10	秒
间谍有效时间	600	秒	间谍使用间隔	3600	秒
竞拍时间	60	秒	竞拍同拍数	2	
市场老大	○有 ◉无				

提请注意：

（1）每市场每产品选单时第一个队选单时间为50秒，自第二个队起，选单时间设为40秒。

（2）初始现金为75M。

（3）信息费为3M/次。

（4）本次比赛无市场老大。

【规则对比】　2010年规则

2010年大赛，每市场每产品选单时第一个队选单时间为75秒，自第二个队起，选单时间设为50秒。初始现金为70M。信息费为5M/次。有市场老大。2009年的初始现金为90M。

19. 竞赛排名

完成预先规定的经营年限，将根据各队的最后分数进行评分，分数高者为优胜。以系统自动评分为准。

总成绩=所有者权益×（1+企业综合发展潜力÷100）－罚分

企业综合发展潜力如下：

项目	综合发展潜力系数
手工生产线	+5/条
全自动线/柔性线	+10/条
区域市场开发	+10
国内市场开发	+10
亚洲市场开发	+10
国际市场开发	+10
ISO 9000	+10
ISO 14000	+10
P1 产品开发	+10
P2 产品开发	+10
P3 产品开发	+10
P4 产品开发	+10

提请注意：

（1）如有若干队分数相同，则最后 1 年在“系统”中先结束经营者排名靠前。

（2）生产线建成即加分，无须生产出产品，也无须有在制品。厂房无加分。

20. 罚分规则

（1）运行超时扣分

运行超时有两种情况：一是指不能在规定时间完成广告投放；二是指不能在规定时间完成当年经营（以点击“系统”中“当年结束”按钮并确认为准）。

处罚：按 1 分/分钟（不满 1 分钟算 1 分钟）计算罚分，最多不能超过 10 分钟。如果 10 分钟后还不能完成相应的运行，将取消其参赛资格。

（2）报表错误扣分

必须按规定时间上报报表，且必须是账实相符，如果上交的报表与“创业者”自动生成的报表对照有误，在总得分中扣罚 5 分/次，并以“创业者”提供的报表为准来修订。

注意：必须遵守上交报表时间的规定，延误上交报表即视为错误一次。由运营超时引发延误交报表视同报表错误并扣分。

（3）盘面不实扣分

考虑到商业情报的获取，每年运行完成后，必须按照当年年末结束状态，将运行结果摆在手工沙盘上，以便现场各队收集情报用。各队可以数币，翻牌查看，遇到提问必须如实回答。如果盘面与报表不符或隐瞒盘面状态，扣 5 分/次。

（4）其他违规扣分

在运行过程中下列情况属违规：①对裁判正确的判罚不服从。②在比赛期间擅自到其他赛场走动。③指导教师擅自进入比赛现场。④其他严重影响比赛正常进行的活动。

如有以上行为者，视情节轻重，扣除该队总得分的 5～10 分。

（5）严重违规扣分

参赛队伍在比赛进行中严重违反赛会规定，违背公平竞赛原则，干扰比赛进行，将视情况扣罚 20 分，情节严重的直接取消比赛资格。

另外，全体人员（含指导老师）在比赛期间不得在场地及教学大楼内任何地点吸烟，一经发现一次扣 10 分。

注意：裁判组有最终裁决权，在比赛期间（从比赛开始到颁奖结束）不接受指导教师提交的比赛相关申诉。比赛时间以服务器时间为准。

21. 破产

当参赛队权益为负（指当年结束“系统”生成资产负债表时权益为负）或现金断流（权益和现金可以为零），企业破产。参赛队破产后，由裁判视情况适当增资后继续经营。破产队不参加有效排名。为了确保破产队不致过多影响比赛的正常进行，限制破产队每年投放广告额时每种产品广告费只能投 1M，且总额不能超过 6M，无论什么情况均最后一个选单，并不能参加竞拍。

22. “系统”自动扣除费用

“系统”自动支付的费用如下：

（1）管理费用：每季度结束时，自动扣除 1M/季。

（2）设备维护费：每年结束时，计算建成的生产线，手工线按照 1M/条，自动和柔性线按照 2M/条自动扣除。

（3）长期贷款利息：每年投放完广告费，“系统”自动扣除。

（4）短贷利息：每季度开始时，“系统”自动判断是否有到期的贷款，如果有则自动从现金中按 5% 扣减利息。

（5）税金：只计算所得税，交税的标准为，弥补完以前年度的亏损总额后，再按盈余利润 1/4 向下取整提取税金。

（6）违约罚金：在每年结束时，按违约订单销售收入的 20% 向下取整，从现金中自动扣除。

其他要求：应收账款额、贷款额标识须用纸条表示。

注：比赛时请携带自行打印的规则，出现争议则以组委会规则为准。

第七届全国大学生“用友杯”沙盘模拟经营大赛辽宁赛区组委会对以上规则享有最终解释权。

第七届全国大学生“用友杯”沙盘模拟经营大赛辽宁赛区组委会

用友新道科技有限公司辽宁办事处

2011 年 6 月

大赛规则变化简评：

从上面规则对比可以看出，大赛规则的主要变化在于产品开发，另外还有 ISO 资格认证、初始现金、市场老大等。因此，要关注这些变化对企业经营战略、策略的影响。当经营团队掌握了这些变化对企业经营的内在影响后，也就不怕这些规则的变化了。

参考文献与推荐阅读书目

[1]吴晓波．大败局[M]．杭州:浙江人民出版社,2001.

[2]王新玲等．ERP 沙盘模拟学习指导书[M]．北京:电子工业出版社,2005.

[3]施振荣．再造宏基[M]．北京:中信出版社,2005.

[4]刘平．战略管理的辩证法[J]．企业管理,2005(10).

[5]王新玲等．ERP 沙盘模拟高级指导教程[M]．北京:清华大学出版社,2006.

[6]王方华等．企业战略管理[M].2 版．上海:复旦大学出版社,2006.

[7]刘平．智能集团不“壮士断腕”的后果[J]．经理人,2006(5).

[8]刘平．快速成长型企业的危机基因[J]．中外管理,2006(6).

[9]刘平．到西部去淘金[N]．第一财经日报,2006-08-22(A2).

[10]刘平．以快制胜的误区[J]．管理与财富,2006(12).

[11]刘平．新华 VS 友邦:条条大路通罗马[J]．中外管理,2006(5).

[12]刘平．新兴寿险公司的战略选择[J]．经理人,2006(4).

[13]吴晓波．大败局Ⅱ[M]．杭州:浙江人民出版社,2007.

[14]刘平．家世界的启示[J]．销售与市场(中旬刊),2007(1).

[15]刘平．创业攻略——成功创业之路[M]．北京:中国经济出版社,2008.

[16]刘平．贝塔斯曼:满身光环的失败者[J]．销售与市场(中旬刊),2008(8).

[17]刘平．高成长企业的长赢基因[J]．经理人,2008(8).

[18]凌志军．联想风云[M]．武汉:湖北人民出版社,2008.

[19]刘平．保险战争[M]．北京:电子工业出版社,2009.

[20]刘平．战略管理:流程、方法与工具[M]．北京:机械工业出版社,2011.

学生感言

感受

（052023-10 宋爽）

这次是我们专业第二次进行企业经营沙盘模拟实训。与上次不同的是，我们多了一本学生用的实训手册。

有了实训手册，我们更详尽地了解了沙盘实训的规则，每个人都知道了市场的需求、产品的价格、生产线的利用等。这样，大家都能更好地参与到实训中，并从中获得更多的知识。

在手册中，每个职位都有详细的介绍，大家都会明了自己的职责，而且每个职务需要填写的表都罗列了出来。这样，不仅能更好地各司其职，高效地完成自己的任务，还能系统地了解企业的运行流程。

在前两篇的介绍中，我们学会了很多技巧。例如，打广告费怎样打不会损失；接订单时怎样避免让竞争对手多接；转产时转哪种生产线损失最少等。很多战略战术会让我们更加全面分析实训的状况，从而学到更多的知识与经验。

有了这本实训手册，我们会更好地了解沙盘的真谛，更深刻地了解企业经营模式，从中获得实践性的专业知识。

拥有沙盘模拟实训手册的益处

（052023-06 刘艳）

持续两天的 ERP 沙盘模拟实训结束了。这已经是我们第二次接触 ERP 沙盘模拟了，真有种意犹未尽的感觉，真希望能再次参加 ERP 沙盘模拟实训。这次的实训使我明白了许多有关 ERP 沙盘模拟的知识，这要感谢老师的细心指导和大家的积极参与与配合，我还要感谢的是一直帮助我们的《用友 ERP 企业经营沙盘模拟实训手册》，通过它使我们对 ERP 沙盘有了更深的了解。第一次沙盘实训我们对它的了解还很模糊，特别是对规则、流程的了解不是很详尽。正如书中所说，只有懂得规则，才能游刃有余。手册中还详细介绍了每个角色的任务，使我们在实训前能做些相关准备，明白自己所扮演的角色在企业中的重要性及作用。其实，它的好处有很多，在此就不详细多说了，但对于我们这些对沙盘极其感兴趣的人来说，它更具有纪念意义。因为以后再见到它会勾起我的很多回忆，也能让我想起很多经验与教训，想起自己大学期间对企业经营的渴望。总之，我会珍藏《用友 ERP 企业经营沙盘模拟实训手册》。在此，我还要感谢老师的辛勤教诲，更希望以后有更多的机会接触 ERP 沙盘。

关于用友 ERP 实训手册

（052024-04 朱振）

实习 ERP 两次，收获很多，感受也不同。作为工商管理专业的学生，我深知 ERP 运作对我们将来工作的重要性。

第一次实习，仓促上阵，什么也不懂，规则也不是很清晰，头脑里也乱得很，在还没回过神时，实习结束了。我留下了很多遗憾。

第二次实习，我最大的感受就是变了，我可以知道规则。在实训手册上，我可以知道具体流程，甚至是财务预算及资产计算。两次同为 CFO 的我，在上一次实习中，对财务总监一职，完全陌生，直至结束。所幸，这次有实训手册，我可以很清楚明确财务方面的各项活动，弥补了上次实习的一大遗憾。再次，就是手册中对规则的详尽阐述，使我对 ERP 沙盘有了全新的认识与理解，并可以在正式实习之前，认真阅读、积极思考、做好充足的准备工作。

通过实训手册，我此次实习更加充实与积极，收获颇丰。

使用沙盘实训手册的感受

（052023-08 闫杰）

2008 年 4 月 21 日—22 日，我们经历了为期两天的 ERP 沙盘模拟实训。在这次实训中，我懂得了什么是失败，什么是进步。关于进步是多一次经历带给我的，还有一个小助手——《用友 ERP 企业经营沙盘模拟实训手册》。

在上一次实训时，由于没有一个正式的文本规则，我们对整个流程的了解都不是很透彻，只是知道一个“大概怎样怎样”，很不专业，致使感觉整个过程就像是过家家，不仅对自己的角色了解不透，对他人的角色更是模糊。在这次实训前，我认真学习了本实训手册中的相关内容，明确了实训目的、内容和相关要求，确保了实训效果。

虽然，实训结果从排名上我们组是最后，可我相信，我们得到了很多。从失败中，我们看到了什么是竞争、什么是生存、什么是超越自己。我清楚地知道了每走一步的含义，对整个流程都是清楚的，享受着整个过程。

失败算什么，我不认为我们是失败的，在失败中站起来的人，才是真正的强者。

ERP 沙盘实训手册的好处

（052022-10 何露丝）

第二次玩沙盘和第一次不同的是，我们多了一本实训手册，有了明确的规范和准则，自然好处是大大的。在此，我要谈谈自己的看法。

既然是模拟竞赛，就一定要有竞赛规则，而这本手册最大的用途就是将规则更明确、更细致地描述出来，指导竞赛顺利进行。虽玩过一次，但我们不敢保证所有规则都能掌握在心、倒背如流，例如生产线的开发需要多久、多少资金及残值，每条生产线的转产期和转产费用，诸如此类的事我们未必能够熟记在心，达到张口就来的程度。翻翻手册，一目了然，有利于资金预算和整个企业的战略制定。另外，对于容易模糊和出错的细节，容易作弊之处更需要规则加以规范，从而使竞赛更加公平、公正、公开，达到教学目的。

人手一本手册，有效避免了"事不关己，高高挂起"的现象发生。企业经营沙盘实训实际上是个团队合作的项目，需要沟通与合作，即需要每个人在熟知自己职责的基础上还要更多了解组内其他角色职责的相关事务，特别对于CEO来说，熟知每个职务分工内容，如财务总监记账项目，更有利于总体战略的制定。

此外，每个职务都需要填写分内职务的相关表格，使每一个程序更加规范化，提高操作速度和效率，使每一项工作都有计划性，可加深我们对"企业战略管理"课程的理解，真正把理论与实践相结合。

手册上增加人力资源总监的角色很有必要，有利于监控组内每个成员的态度和绩效，同时对团队名称、企业目标、使命、愿景填写的硬性要求更有利于增强临时团队的凝聚力与目标性，达到实训效果。

总而言之，实训手册堪称沙盘操作的必备品！